Einleitung

Ich möchte Dir zuerst einmal danken für den Download des Buchs: "Low Carb für Faule"!

Dieses Buch enthält über **55** vortreffliche und schmackhafte Low Carb Rezepte zum Frühstück, Mittagessen und Abendessen, die in weniger als **20 Minuten** angerichtet werden können.

Die aktuelle Lage in Hinblick auf Ernährung und Gesundheit ist in Deutschland nahezu erschreckend. Rund 70% der Männer und die Hälfte aller Frauen sind übergewichtig. Die Folgen sind drastisch! Übergewicht spiegelt sich nicht nur im Aussehen wider, sondern kann auch zu niedrigeren Selbstwertgefühl, zu Krankheiten und dem Verlust von einem positiven Lebensgefühl führen. Mehr und mehr Menschen erkranken in Deutschland an **Diabetes.**
Die Blutdruckwerte, verschlimmern sich zunehmend, Herz-Kreislauf-Erkrankungen sind nicht unüblich. Auch Gicht und Arthrose sind mögliche Folgen von Adipositas, die das Leben nach und nach erschweren.

Aufgrund dieser Tatsachen boomt die Diät Industrie und immer wieder neue Möglichkeiten werden angepriesen, um endlich die Traumfigur zu erreichen. Doch im Laufe der Jahre haben sich die wirklich effektiven Methoden zur Gewichtsreduktion herauskristallisiert und tatsächlich bestätigt.

Die wohl schnellste und einfachste Art und Weise zur Gewichtsabnahme ist dabei wohl die **Low Carb Ernährung.** Anhänger verzichten auf überflüssige Kohlenhydrate aus ungesundem Zucker und konzentrieren sich auf den Verzehr von echten Lebensmitteln, die den Körper vitalisieren. Gesunde Fettquellen und stärkende Proteinmahlzeiten werden zur Energiegewinnung genutzt und bieten deshalb nicht nur Vorteile für die Figur, sondern auch für die allgemeine Fitness. **Es bestätigt sich immer wieder von neuen Testern, dass Low Carb nicht nur der Schlüssel zu einer besseren Figur, sondern auch für ein besseres Leben ist.** Anstrengendes und stressiges Kalorienzählen wird überflüssig, der Körper erhält die köstlichen Lebensmittel, die er benötigt und wird mit Allem versorgt für reichlich Energie und Vitalität.

Die im Buch enthaltenen Rezepte sollen Dir eine Möglichkeit geben auch in den Genuss **der Vorteile einer Low Carb Ernährun**g zu kommen. Ob Du diese Rezepte für eine Diät nutzt oder ob Du sie einfach zur Gaumenfreude verwenden willst, ist Dir überlassen. Für jeglichen Zweck wirst Du diese Rezepte nutzen können.

Da ich persönlich ein großer Liebhaber bin von einfachen, schlichten und trotzdem köstlichen Mahlzeiten habe ich dieses Buch geschrieben gehabt.

Die vorgestellten Rezepte werden sehr wenig von Dir abverlangen. Die Zutatenliste ist knapp gehalten, extravagante Lebensmittel werden nicht gefordert und Du in weniger als 20 Minuten Dir Selbst eine Gaumenfreude zubereiten!

Bevor ich Dir die **Schnellrezepte** vorstelle, möchte ich einmal ganz grundlegende Tatsachen klären zur Low Carb Ernährung. Du kannst diesen Teil gern überspringen, falls Du Dich nur für die Rezepte interessierst, doch gerade Einsteigern würde ich diesen Teil dringend empfehlen. Eine kohlenhydratarme Ernährung hat **etliche unglaubliche Vorteile** für Dich. Du wirst erstaunt sein, was eine schlichte Ernährungsumstellung alles für grandiose Vorteile mit sich bringt.

Und nun wünsche ich Dir viel Spaß beim Lesen und guten Appetit!

Das beste Projekt an dem Du jemals arbeiten wirst, bist Du Selbst.

Inhaltsverzeichnis

Kapitel 1 - Was ist Low Carb?

Immer wieder werden neue Methoden gesucht, um in kurzer Zeit und so einfach wie nur möglich die Pfunde zum purzeln zu bringen. Das liegt in der Natur des Menschen: Auf einfachste Art und Weise und am besten schon gestern am Ziel anzukommen. In diesen Fall ist das Ziel die langersehnte Strandfigur, die man bisher nur mit unterdrückten Neid sehen konnte in der Badezeit. **Doch jetzt ist Schluss! Du hast Dich wirklich entschlossen Etwas zu tun!**

Endlich willst Du in den Spiegel blicken voller Stolz und mit erhobenen Kopf!

Aber wie willst Du das machen?

In den letzten Jahren wurden unzählige neue Wunderdiäten und Schlankmachkuren angepriesen, doch nur wenige haben sich gehalten. Die wohl beliebteste Art und Weise um Abzunehmen ist wohl die Low Carb Diät.

So ziemlich jeder hat den Begriff Low Carb schon einmal zu hören bekommen, ob auf Arbeit, im Fernsehen oder beim entspannenden Kaffee Kränzchen mit der besten Freundin: Low Carb ist in Allermunde! Wenn es um das Abnehmen geht ist die Low Carb Diät, die wohl bekannteste und zugleich umstrittenste Ernährungsweise, die es gibt.

Doch was heißt es überhaupt sich Low Carb zu ernähren?

Der Begriff **„Low Carb“** ist ziemlich simpel zu erklären: Low Carb ist die Kurzform für Low Carbohydrates aus dem Englischen, was übersetzt „wenige Kohlenhydrate“ bedeutet. Daraus kann man schlussfolgern, dass die Low Carb Ernährung kohlenhydratreduziert funktioniert. Dabei ist es ganz unterschiedlich, wie viele Kohlenhydrate konsumiert werden können.

Low Carb ist also nur ein **Überbegriff** hinter den sich speziellere Ernährungsweisen verstecken, wie die Atkins Diät, Ketogene Ernährung oder No-Carb Diät. Doch all diese Formen haben eins gemeinsam: Man verzichtet auf überflüssige Kohlenhydrate.

Für Low Carb Anfänger ist es anfangs empfehlenswert sich erstmals auszutesten, um zu erfahren mit welcher Methode sie am besten ihre Ziele erreichen.

In diesem Buch werde ich Dir Rezepte vorstellen, die für jegliche Low Carb Ernährung geeignet sind. Sei gespannt!

Morgen wünschst Du Dir Du hättest heute den ersten Schritt gewagt.

Kapitel 2 - Wie funktioniert Low Carb?

Durch die kohlenhydratreduzierte Ernährung kommt der Körper in die natürliche Ketose. Dies ist ein Zustand bei dem der Körper seine Energie nur aus Fettzellen bezieht, indem er Ketokörper bildet. Normalerweise verwendet der Körper Energie aus Glukose.
Glukose nehmen wir im Alltag durch Kohlenhydrate auf und diese werden in Glukose später umgewandelt.

Glukose wird in einem weiteren Prozess in ATP unsere Hauptenergiewährung verwandelt. Ohne ATP hat der Körper keine Energie. Doch da der Mensch nicht immer Nahrung zu sich geführt bekommt oder weil nicht immer Kohlenhydrate zur Verfügung stehen, gibt es eine andere Art und Weise zur Energiegewinnung: Die Ketose. Fettzellen wandeln sich bei diesem Prozess in ketogene Körper um, welche zu ATP verwandelt werden.

Somit wird ohne Umwege Fett verbrannt und Energie gewonnen. Dieser Zustand kann erreicht werden durch zeitweiliges Fasten oder eine geringe Zufuhr von Kohlenhydraten. Die maximale Kohlenhydratzufuhr ist bei jedem Menschen verschieden, um die Ketose zu aktivieren. Grundsätzlich sollte nicht mehr als 100g Kohlenhydrate zugeführt werden für die Ketose. Je weniger Kohlenhydrate ,desto höher die Wahrscheinlichkeit zur **Ketose.**

Die Ketose hat den Vorteil, dass Energie länger zur Verfügung steht, als im normalen Energiestoffwechsel. Wenn Kohlenhydrate in Form von Zucker zum Beispiel gegessen werden, gibt es große Blutzuckerspiegelschwankungen. Dadurch bekommt man kurzfristig viel Energie, welche später rapide abfällt.

Um dies zu vermeiden kann man die Ketose nutzen! Da dieser besondere Zustand des Körpers im Fasten erreicht werden kann, nennt man ihn auch Hungerstoffwechsel.

Irritierender Weise bedeutet es nicht, dass man Hunger hat während der Ketose. Weitere Vorteile der Ketose sind eine schnellere Fettverbrennung, eine bessere mentale Leistungsfähigkeit (Ketokörper werden im Gehirn sehr gut verstoffwechselt) und eine Vermeidung von Müdigkeit.

Kapitel 3 - Vorteile der Low Carb Ernährung

Eine kohlenhydratreduzierte Ernährung hat für unseren Körper und Geist einige bemerkenswerte Vorteile, die ich Dir natürlich nicht vorenthalten möchte. Der wohl größte Vorteil für die Figuroptimierung ist es, dass Heißhungerattacken und Hungergelüste gänzlich verschwinden!

Da es zu **keinen Blutzuckerschwankungen** aufgrund des Verzehrs von Kohlenhydraten kommt, entstehen auch keine Hungerattacken mehr. Diese Hungergelüste sind wohl der größte Feind im Abnehmprozess.
Wer auf Kohlenhydrate zum größten Teil verzichtet und hochwertige Fett- und Proteinquellen verzehrt, wird sich fitter, wohler und auch bald schlanker fühlen. Das Sättigungsgefühl ist auch während der Low Carb Diät gegeben, leckere Speisen können weiterhin gegessen werden und das Wohlbefinden bleibt in dieser Ernährungsart erhalten.

Im Zustand der Ketose wird unser Gehirn außerdem leistungsfähiger, unsere Motivation und unser Fokus verbessern sich. Die Ketose wird zwar als Hungerstoffwechsel bezeichnet, doch bringt sie uns in einen Zustand der besten Fähigkeiten. Durch eine Ernährungsumstellung kommt es außerdem dazu, dass wir bewusster unsere Lebensmittel anschauen und beurteilen.

Nur wer seinen aktuellen Lebensstil hinterfragt, kann eine Veränderung erwarten.

Der Schlüssel zu einem besseren Leben findet sich somit im achtsamen Leben. Das Beobachten der alten Gewohnheiten kann uns schnell eigene Fehler aufzeigen, die danach abgestellt werden können. Die kohlenhydratreduzierte Diät hat einen weiteren erstaunlichen Vorteil für die Fettverbrennung: Zum einen wird Fett DIREKT zur Energiegewinnung gewonnen, da der Körper im Fettstoffwechsel arbeitet. Zum anderen muss mehr Energie verbraucht werden, um Protein und Fett zu verstoffwechseln. Wenn mehr Energie für Stoffwechselvorgänge benötigt wird, dann wird wiederrum schneller Fett verbrannt.

Außerdem hat eine Low Carb Ernährung Vorteile für unsere **allgemeine Gesundheit.** Es ist mittlerweile wissenschaftlich belegt, dass eine kohlenhydratreduzierte Ernährung das Herzinfarktrisiko senkt, den Blutdruck normalisiert, die Gefahr auf das metabolische Syndrom vermindert, sowie gegen Diabetes Typ 2 vorbeugen kann.

Kapitel 4 – Rolle der Kohlenhydrate in der Ernährung

Kohlenhydrate sind in den letzten Jahren ständig unter Beschuss genommen wurden. Sie wurden verurteilt, als das Böse schlechthin für den Körper. Doch stimmt das so? Nein, nicht ganz. Es kommt drauf an.

Kohlenhydrate gibt es nämlich in ganz verschiedenen Formen, welche unterschiedliche Auswirkungen für unseren Körper gaben. Man unterscheidet grundsätzlich zwischen den kurzkettigen Kohlenhydraten und den langkettigen Kohlenhydraten.

Kurzkettige Kohlenhydrate finden sich in Einfachzucker wieder. Dazu zählt auch der Zucker aus Obst dazu (Fructose). Diese Form der Kohlenhydrate kann sehr schnell in unseren Körper verwertet werden und somit Energie abgeben. Süßigkeiten, Zuckerwatte und Eiscreme sind Alles Beispiele für Nahrungsmittel mit sehr viel Zucker.

Viel Energie in einer kurzen Zeit klingt doch eigentlich ganz gut, oder?

Die Einnahme von Kohlenhydraten hat aber auch seine Kehrseite: Energie wird zwar schnell für den Körper verfügbar und der Blutzuckerspiegel steigt an, wodurch Glückshormone ausgeschüttet werden. Doch nach einer kurzen Zeit fällt der Blutzuckerspiegel rapide ab und wir erleben ein Tief. Wir werden müde, schlapp und fühlen uns kraftlos. Leider hält auch das Glücksgefühl nicht lange an, welches man kurz zuvor von der leckeren Schoko-Eiscreme erhielt, als sie unsere Zunge berührte. Kurzfristig verursacht diese Art von Kohlenhydraten Freude, doch nach einer kurzen Zeit macht sie müde und schlapp.

Das Problem daran ist, dass der Körper nun noch mehr Zucker für sich einfordert, damit er den Blutzuckerspiegel anheben kann. Diesen will er wieder auf ein Normallevel bringen. So kommt es zu einem Teufelskreislauf mit viel Eiscreme, Süßigkeiten und weiteren Versuchungen eingeschlossen. Nachdem die Fressorgie endete kommt es dann meist zu Vorwürfen und Enttäuschung. Es ist also klar: Diese Art von Kohlenhydrate sollte man in den größten Teil seiner Ernährung meiden. **Es gibt aber auch noch Hoffnung für die Kohlenhydrate**: Die langkettigen Kohlenhydrate. Diese Kohlenhydrate sättigen den Körper lang und geben langfristig Energie frei. Es kommt zu keinen starken Blutzuckerschwankungen und so auch zu keinen extremen Heißhungerattacken.

Kapitel 5 – Rolle von Protein in der Ernährung

Bodybuilder und Fitnessathleten lieben sie: Die Proteine oder auch Eiweiße genannt. Was ist an diesen so besonders?

Proteine bestehen aus verschiedenen Aminosäuren, die auf unterschiedlichste Art und Weise miteinander verbunden werden können. Dadurch entstehen ganz verschiedene Sorten von Porteinen mit verschiedenen Auswirkungen auf den Körper. Auch einzelne Aminosäuren können verzehrt werden, doch in der Natur kommen diese immer vermischt vor. Es gibt insgesamt 23 verschiedene Aminosäuren, welche Proteine bilden. Darüber hinaus existieren noch viele weitere Aminosäuren, welche jedoch keinen Bestandteil für Protein hergeben.

Beispiele für Proteinsorten sind: Cassein, Molke, Weizenprotein oder Soja Protein. Sie haben alle verschiedene Aminosäureprofile. Wissenschaftler haben herausgefunden, dass tierische Proteine für den Menschen am besten aufnehmbar sind. Dieser Fakt ist darauf zurückzuverfolgen, dass der menschliche Körper Nahrung bevorzugt aufnimmt, die seinem Aminosäureprofil ähnelt.

Doch Vegetarier können entspannt aufatmen, da es auch durch eine Kombination von verschiedenen Eiweißquellen möglich ist, ein ganzes Aminosäureprofil zu decken. Dies ist so wichtig, da Aminosäuren in unseren Körper eine essentielle Rolle spielen für das Immunsystem, Nervensystem und die Leistungsfähigkeit.

Man unterscheidet weiterhin zwischen essentiellen und nicht essentiellen Aminosäuren.

Essentielle Aminosäuren kann der Körper nicht selbst herstellen. Er braucht diese zum Erhalten der normalen Körperfunktion. Falls diese mangeln kommt es zu Problemen. Wenn Proteine jedoch ausreichende dem Körper zugeführt werden, kann der Körper bestens funktionieren. Eine ausreichende Eiweißzufuhr hat selbst unglaublich positive Vorteile für unsere psychische Leistungsfähigkeit.

Doch nicht nur das: Proteine sättigen uns lang, verbessern unsere Laune und machen energiereicher. Proteine dienen in unseren Körper, als Baustoff für verschiedene Zellen. Nägel, Haare und Haut bestehen aus Proteinen. Und natürlich auch Muskelgewebe wird dadurch aufgebaut.

Es ist also stark empfehlenswert sich ausreichende mit Proteinen zu versorgen. Eine Überzufuhr von Proteinen ist schlichtweg nicht möglich bei einem gesunden Menschen, da überschüssiges Eiweiß durch den Urin ausgeschieden wird

Für normale Menschen wird eine Zufuhr von ungefähr 1g Eiweiß/kg Körpergewicht empfohlen. Sportler und Fitnessathleten können deutlich mehr verwenden und können 1,5-2g Eiweiß/kg Körpergewicht gebrauchen.

Kapitel 6 – Die Rolle von Fett in der Ernährung

Bevor die Kohlenhydrate verteufelt wurden, war das gefürchtete Fett dran gewesen. Die Industrie stellte in Reaktion darauf zahlreiche Light Produkte und fettreduzierte Alternativen her, um den „bösen Fett“ auszuweichen. Was war das Ergebnis davon?

Mehr übergewichtige, kranke und energielose Menschen gibt es heute, wie noch nie in irgendeiner Zeit der menschlichen Geschichte. Eine der Hauptursachen dafür ist das Verteufeln von gesunden Lebensmitteln, die einen hohen Fettgehalt haben.

Tolles Resultat. Wieso wurden Fette denn überhaupt verteufelt?

Fett hat die Eigenschaft, der kalorienreichste Makronährstoff zu sein. Protein und Kohlenhydrate haben einen Brennwert von 4,1 kcal/g und Fett 9,3 kcal/g. Viele Menschen haben daraus die Konsequenz geschlossen, dass Fett unbedingt zu meiden. Doch wieso geht dieses Vermeiden langfristig nach hinten los?

Im Gegensatz zu Kohlenhydraten sind Fette essentiell für unseren Körper und sie müssen uns regelmäßig zugeführt werden. Fett ist beteiligt an unzähligen wichtigen Stoffwechselvorgängen in unseren Körper. Mit der richtigen Zufuhr von Fett läuft unser Gehirn auf Höchstleistungen, paradoxerweise läuft unsere eigene Körperfettverbrennung auf Hochtouren und Fett macht unsere Haut schön und glatt. Wenn Fett in unserer Ernährung fehlt kommt es zu Stimmungsschwankungen, bei Männern zum Absinken der Libido und Wir werden schwächer. **Leider kommen diese Erscheinungen in herkömmlichen Diäten zu oft vor und es kann zu schlechter Laune, Heißhungerattacken oder Kälteschüben kommen.**

Doch auch Fett muss unterschieden werden in **ungesunde und gesunde Sorten**.

Grundsätzlich ist es ganz einfach diese voneinander zu unterscheiden. **„Gutes" Fett ist natürliches Fett** aus der Natur. Kokosöl, Olivenöl, fettiger Fisch oder Avocados stellen beste Fettquellen für den Verzehr dar. Wichtig ist es zu variieren zwischen diesen Sorten, um den Körper mit verschiedenen Arten zu versorgen. Denn auch Fette werden durch die Kettenlänger der Atome unterschieden.

Es gibt sogar eine spezielle Fettsorte, das MCT-Öl, welches nicht in Körperfett gespeichert werden kann. Dieses Fett gibt den Körper zusätzlich Energie, verbessert dramatisch die Gehirnleistungsfähigkeit und erhöht das Wohlbefinden, da MCT die Ketose direkt ankurbelt.

Auch die Omega-3 und Omega-6 Fettsäuren spielen für unseren Körper eine wichtige Rolle. Diese sind für den Aufbau des Erinnerungsvermögens, für Entzündungshemmende Prozesse und für die Herstellung von Glückshormonen zuständig. Wissenschaftler bestätigen, dass ein Mangel dieser Fettsäuren zu Depressionen führen kann.

Ungesunde Fettquellen sind grundsätzlich industriell hergestelltes Fett aus künstlich gehärteten Pflanzenölen. Dieses Fett wird auch als **Transfett** bezeichnet. Beinahe jedes Fast Food Nahrungsmittel enthält diese Sorte von Fett. Die Zufuhr von Transfett erhöht das Risiko für Herzkreislauf-Krankheiten, für Schlaganfälle, erhöht das Krebsrisiko und den Blutdruck. Das sind nur einige negative Auswirkungen von Transfett. Der menschliche Körper ist schlichtweg nicht dafür geeignet, ihn mit künstlich hergestellten Industriestoffen zu füttern.

Auch in einer Low Carb Ernährung hat man auf keinen Fall einen Freischein für ungesundes Fett. Ziel einer Ernährungsumstellung ist es nicht nur die gewünschte Figur zu erreichen, sondern auch die Gesundheit zu verbessern oder zu bewahren. Daher gilt es industrielle Fettquellen so weit wie nur möglich zu vermeiden. **Gesunde Fette dagegen dürfen ausreichend konsumiert werden.** Auch wenn sie einen höheren Energiegehalt, als Kohlenhydrate haben, sie sättigen dafür sehr gut. Fett in Kombination mit Protein und mit Ballaststoffen ist die ultimative Waffe gegen Hunger. Außerdem ist Fett ein hervorragender Geschmacksträger und ermöglicht Low Carb Anhängern fantastische Mahlzeiten.

Leckeres Schlemmen, gesund ernähren und dabei die Pfunde purzeln lassen? Mit Low Carb wird es endlich möglich!

Kapitel 7 - Die Rolle von Ballaststoff in unserer Ernährung

Diese Art von Kohlenhydraten bedarf einer zusätzlichen Nennung. Denn Ballaststoffe sind keineswegs nur unnötiger Ballast für unseren Körper, sondern haben zahlreiche Vorteile für unsere Verdauung und unser Immunsystem.

Ballaststoffe haben die besondere Eigenschaft nicht vollständig verdaut werden zu können in unseren Körper. Den Körper fehlt dafür ein nötiges Enzym oder Transportprotein, um Ballaststoff zu spalten. Die Folge davon ist, dass Ballaststoffe unverdaut wieder abgegeben werden über den Stuhl.

Doch das ist noch längst nicht Alles: Da Ballaststoffe sich im Magen und Darm durch Wasser aufblähen haben sie einen tollen Sättigungseffekt für unseren Körper und halten dadurch langfristig Hunger und Appetit in Schach. Auch kann Ballaststoff Giftstoffe, Mineralstoffe und Mikroorganismen binden und ausscheiden.

Studien haben gezeigt, dass eine ausreichende Versorgung mit Ballaststoffen das Darmkrebsrisiko senkt, den Cholesterinspiegel günstig reduziert und die Gefahr für Herzinfarkt abnehmen lässt.

Beispiele für Nahrungsmittel mit einem hohen Ballaststoffgehalt sind: Johannisbrotkernmehl, Haferflocken, Weizenkleie, Roggen, Mandeln, Feigen, Dinkel und auch Himbeeren.

Ernährungsexperten empfehlen eine Zufuhr von mindestens 30g Ballaststoff/Tag.

Über 80% der Deutschen kommen nicht auf diese Mindestvorgabe. Fangen wir an dies zu verändern!

7 goldene Regeln der Low Carb Ernährung

1. Kein Hungern!

Auch wenn die Low Carb Ernährung viel stärker sättigt, als andere herkömmliche Diäten, solltest Du es nicht übertreiben. Iss ausreichend und versorge Dich mit gesunden Lebensmitteln. Wenn Du eine kohlenhydratreduzierte Kost betreibst, solltest Du nicht hungern. Iss Dich an den richtigen Nahrungsmitteln richtig satt. Nutze die tollen Fett-und Proteinquellen genügend!

2. Fokussiere Dich auf das was Du essen darfst!

Viele Low Carb Anfänger begehen den Fehler sich viel mehr auf die Lebensmittel zu konzentrieren, die sie nicht essen dürfen. Mach es anders! Konzentriere Dich lieber auf all die tollen Rezepte, die Du jetzt ausprobieren kannst. Sei kreativ und schau was für tolle Mahlzeiten Du zaubern kannst. Du wirst ganz erstaunt sein, was Alles OHNE Kohlenhydrate möglich ist!

3. Abwechslung!

Iss nicht immer dasselbe, sondern teste Dich aus. Auch eine Low Carb Ernährung kann langweilig werden mit den gleichen, monotonen Lebensmitteln. Handle aktiv und nutze die tollen Rezepte, die Du hast für Dich aus! Wie wäre es denn mal mit gemeinsamen Low Carb Kochen mit Freunden und Familie? Du wirst Alle verblüffen können mit den fantastischen Möglichkeiten, die Low Carb bietet!

4. Teste Dich aus!

Gerade für Low Carb Anfänger ist es essentiell ihren eigenen Stil erstmals zu finden. Es gibt unzählige Varianten der Low Carb Ernährung und Du solltest viele Möglichkeiten testen und schauen mit welcher Methode Du am besten kommst. Jeder Mensch reagiert verschieden auf Kohlenhydrate. Also lerne Dich Selbst genauer kennen und schau wie viele Kohlenhydrate Dir am besten tun!

Beginne zunächst mit 100g Kohlenhydraten und senke sie kontinuierlich. Wenn Du eine Phase erreicht hast, bei der Du Dich am besten fühlst, bleib dabei! Mach Dir anfangs auch keine Vorwürfe, falls etwas nicht so klappt wie Du willst.

Die ersten Low Carb Wochen sind dazu da, Dich selbst besser kennenzulernen, Rezepte auszuprobieren und die tollen Vorteile dieser Ernährung zu erfahren! Sie geduldig und Du wirst belohnt mit Resultaten von denen Du bisher nur geträumt hast!

5. Führe Dir genügend Flüssigkeit zu!

Einer der größten Fehler, die man in der Diät betreiben kann ist es zu wenig zu trinken. Am besten ist es 1l Wasser/ 20kg Körpergewicht zu trinken. Für Sportler gelten noch höhere Werte! Du kannst Wasser oder ungesüßten Tee trinken, um deinen Flüssigkeitshaushalt zu decken. Du wirst viele Vorteile erkennen: Wer viel trinkt bekommt schönere Haut und fühlt sich kraftvoller. Praktisch alle Stoffwechselvorgänge benötigen Wasser.

Wenn es bereits zu geringen Wasserengpässen kommt, wird die Gehirnleistungsfähigkeit um 20% gedrosselt. Willst Du das deinen Körper antun? Willst Du auf Sparflamme laufen oder Vollgas geben können? Wenn dein Körper auf Hochtouren läuft verbrauchst Du außerdem mehr Kalorien. Weiterhin wird Dir ausreichend Flüssigkeit einen zusätzlichen Sättigungseffekt bringen. Ein Vorteil, den Du Dir nicht entgehen lassen möchtest!

6. Kaufe richtige Lebensmittel ein!

Die richtige Ernährung beginnt im Einkaufswagen. Wenn Du keine süßen Versuchungen Dir kaufst, dann wirst Du auch keine Probleme haben mit ihnen. Mach Dir eine Einkaufsliste bevor Du einkaufst und lass Dich nicht von der süßen Eiscreme in Versuchung führen. Studien haben gezeigt, dass satte Menschen gesünderes Essen einkaufen, als hungrige Menschen. Daher: Geh niemals mit leeren Magen einkaufen. Du wirst es im Nachhinein nur bereuen!

7. Informiere Dich und Tausch Dich aus!

Wenn Du eine neue Gewohnheit in dein Leben bringst, ist es immer von Vorteil Leute an deiner Seite zu haben, die in der gleichen Lage sind wie Du! Trete doch Low Carb Facebook Gruppen bei, besuche Low Carb Foren oder frage einen Freund oder eine Freundin, ob sie denn nicht auch Low Carb testen wollen! Zusammen ist man stärker! Außerdem gibt es Jemanden, der Dich an deine Ziele immer wieder erinnert und Du bleibst so bei der Sache.

Wenn Du mit mehr Menschen Dich austauschst, die Low Carb betreiben, wird es Dir wesentlich leichter fallen. Es ist weiterhin hilfreich Dich immer wieder neu zu bilden in Sachen kohlenhydratreduzierte Ernährung. Auf dem Markt gibt es zahlreiche Ratgeber zum Thema Low Carb und tolle Rezeptbücher, um neue köstliche Ideen auszutesten.

Jede Leistung fängt mit der Entscheidung an, es zu versuchen.

Ketogene Einkaufsliste

In der Ernährung spielt der Einkauf eine essentielle Rolle für den körperlichen Erfolg. Denn wenn Du bereits gesunde und vitalisierende Lebensmittel einkaufst, wirst Du keine Möglichkeit haben Dich selbst durch verarbeitete und minderwertige Nahrungsmittel zu manipulieren. Die folgende Liste zeigt Dir passende, kohlenhydratarme Lebensmittel. Stelle sicher, dass Du diese Nahrungsmittelliste aktiv verwendest für deine Planung beim Einkaufen. Für den Einkauf an sich gebe ich Dir 3 kurze Tipps, die Wunder bewirken können:

1. **Gehe niemals hungrig einkaufen**

Studien haben bewiesen, dass hungrige Menschen ungesündere Lebensmittel einkaufen, als satte Käufer. Dies liegt daran, dass unser Körper sich in einer Hungersituation nach schnell verfügbaren Kalorien sehnt. Diese bekommt er schnell durch zuckerhaltige Nahrung und dies weiß dein Körper genau. Daher geh immer gesättigt einkaufen.

2. **Mach Dir vor den Einkauf einen Plan**

Schreibe Dir vor deinen Einkauf genau auf, was Du Dir holen willst und welche Nahrungsmittel Du wirklich benötigst. Die Lebensmittel, die ich Dir vorstellen werde, sollten einen großen Anteil dieser Liste ausmachen. Benutze Sie aktiv und Du wirst schneller deine Ziele erreichen. Lass Dich nicht ablenken von süßen Versuchungen und entwickle eine Art Tunnelblick beim Kaufen. So wirst Du gar nicht erst zu den Sünden kommen können.

3. **Such Dir Jemanden, der deinen Einkauf kontrolliert**

Idealerweise gehst Du gar nicht allein Einkaufen, sondern mit einem Partner mit ähnlichen Zielen. Such Dir einen Freund oder eine Freundin, die auch Abnehmen möchte. Kontrolliert euch gegenseitig und haltet euch gegenseitig zurück, wenn ihr mögliche Sünden seht. So wirst Du garantiert Dir einen inneren Druck aufbauen, der Dir Motivation gibt. Dieser Druck ist absolut positiv und dient nur zu deinem Besten.

Wie Du diese Liste anwenden solltest

Such Dir vor dem Einkaufen 4 Fleischsorten aus, 3 Fischsorten, 5 Gemüsesorten und 5 Obstsorten aus. Füge zusätzlich noch 3 Milchprodukte zur Liste hinzu. Nun hast Du insgesamt 20 Nahrungsmittel auf deiner Liste, die Du einkaufen solltest. Halte Dich an diese Liste und weiche nicht davon ab. So entwickelst Du eine Routine und lernst es gesund einzukaufen.

Fleisch und Fisch	Energie in	Protein in	Kohlenhydrate in	Fett in
100g essbarer Anteil	kcal	g	g	g
Schweinefleisch				
Filet	176	19	0	10
Gnagi	207	12	0	16
Hals	368	15	0	32
Kotelett	358	15	0	31
Schnitzel	168	21	0	8
Stotzen	205	15	0	31
Rindfleisch				
Filet	126	19	0	4
Hamburger, Hackfleisch	242	17	1,5	19
Huft	253	17	0	19
Roastbeef	173	16	0	19

Stotzen	205	19	0	13
Tartar	128	21	0	4
Zunge	223	16	0	16
Kalbsfleisch				
Filet	105	21	0	1
Haxe	107	21	0	2
Kotelett	125	21	0	3
Schulter	140	21	0	5
Schnitzel	108	21	0	2
Stotzen	103	20	0	1
Schinken				
Lachsschinken	144	18	0	7
Schinken, gekocht	282	20	0	21
Schinken, roh	395	18	0	33
Lamm				
Keule/Gigot	250	18	0	18
Lende	207	19	0	13
Wild				
Hase	124	22	0	3
Hirsch	123	21	0	3
Kaninchen	167	21	0	8

Rehkeule/Schlegel	106	21	0	1
Geflügel				
Ente	243	18	0	17
Gans	364	16	0	31
Brathuhn	144	21	0	6
Hühnerbrust	109	23	0	1
Truthahn	230	20	0	15
Truthahnschnitzel	114	24	0	2
Wurstwaren				
Bratwurst, Kalb	343	10	0	31
Bratwurst, Schwein	364	13	0	32
Cervelas	289	15	0	25
Fleischkäse	270	13	0	23
Mortadella	367	12	0	33

Gemüse	Energie in	Protein in	Kohlenhydrate in	Fett in
100g essbarer Anteil	**kcal**	**g**	**g**	**g**
Auberginen	25	1	6	0
Blumenkohl	28	3	4	0
Bohnen, grün, frisch	33	2	5	0
Broccoli	33	3	4	0
Champignons, frisch	24	3	3	0
Chicorée	16	1	2	0
Chinakohl	16	1	2	0
Eierschwämme, frisch	23	2	3	1
Gurken/Gewürzgurken	10	1	1	0
Karotten	35	1	7	0
Kohlrabi	14	2	2	0
Kopfsalat	14	1	2	0
Kresse	46	2	8	0
Lauch	38	2	6	0
Peperoni	28	1	5	0
Radischen, Rettich	19	1	4	0
Rosenkohl	52	4	7	1

Sauerkraut	26	2	4	0
Sellerie	38	2	7	0
Spargel, frisch	20	2	3	0
Spinat, frisch	23	2	2	0
Steinpilze, frisch	34	3	5	0
Suppengemüse	29	2	5	0
Tomaten	19	1	3	0
Zwiebeln	45	1	10	0
Fisch				
Aal, geräuchert	337	19	0	26
Austern	71	9	5	1
Crevetten, Dose	103	19	0	2
Egli-Filet, Barsch	88	18	0	1
Forelle, ganz	52	10	0	1
Forellen-Filet	104	19	0	2
Hecht-Filet	89	18,4	0	0,8
Heilbutt-, Steinbutt-Filet	131	19	0	5

Hering, mariniert	214	18	0	14
Hummer	89	16	0	2
Kabeljau-Filet	78	17	0	0
Kaviar	281	26	5	15
Lachs, frisch	217	20	0	14
Lachs, geräuchert	176	22	0	9
Makrelen-Filet	193	19	0	12
Matjes-Filet	285	16	0	23
Ölsardinen, abgetropft	240	24	1	14
Seelachs-Filet	88	18	0	1
Sole-Filet	83	17	0	1

Früchte und Beeren	Energie in	Protein in	Kohlenhydrate in	Fett in
100g essbarer Anteil	kcal	g	g	g
Avocados	240	2	3	24
Brombeeren	48	1	9	1
Erdbeeren	39	1	8	0
Himbeeren	40	1	8	0
Johannisbeeren, rot	37	1	8	0
Mandarinen	36	1	8	0
Melone, Wasser	24	1	5	0
Melone, Honig	26	1	6	0
Papaya	39	1	9	0
Rhabarber	20	1	4	0
Stachelbeeren	44	1	9	0
Zitronen	27	1	8	0
Zitronensaft	31	<1	1,5	<1

Fett, Öl, Nüsse	Energie in	Protein in	Kohlenhydrate in	Fett in
100g essbarer Anteil	kcal	g	g	g
Fette				
Butter	770	1	1	83
Margarine	770	1	0	84
Kokosfett	925	0	0	100
Öle				
Distelöl	930	0	0	100
Erdnussöl	930	0	0	100
Kürbiskernöl	813	0	0	92
Maiskeimöl	930	0	0	100
Olivenöl	813	0	0	92
Rapsöl	813	0	0	92
Sesamöl	813	0	0	92
Sonnenblumenöl	930	0	0	100
Traubenkernöl	805	0	0	91

Nüsse				
Baumnüsse	705	15	14	63
Erdnüsse	630	27	19	47
Haselnüsse	690	14	13	62
Mandeln	650	18	17	54
Paranüsse	714	14	7	67
Milchprodukte	Energie in	Proteine in	Kohlenhydrate in	Fett in
100g essbarer Anteil	**kcal**	**g**	**g**	**g**
Milch				
Vollmilch	64	3	5	3,5
Milchdrink	58	3,4	4,8	2,8
Magermilch	37	3,4	5	0,4
Buttermilch	35	3	4	0,5
Milchprodukte				
Saurer Halbrahm	121	3	4	10
Rahmquark, 40% Fett i.Tr.	158	12	3	11

Speisequark, halbfett	100	10	4	5
Speisequark, mager	88	17	2	0,5
Hüttenkäse, Cottage-Cheese	107	13,5	1,8	4,5
Joghurt, nature	68	4	4,5	3,8
Fruchtjoghurt	93	3	14	2
Diätjoghurt	67	4,3	4,5	0
Käse				
Appenzeller	396	29	2	30
Camembert	328	18	2	26
Vollei	167	13	1	11
1 Ei, ca. 60g	88	7	0	6
Eigelb, flüssig	377	16	0	32
Eiweiss, flüssig	54	11	1	0

Low Carb Frühstück

Low Carb Pancakes

Zubereitungszeit: 15 Minuten
Schwierigkeitsgrad: Leicht

Zutaten: (1 Portion):

60 ml Milch	1 Ei
40 ml Wasser	35 g Eiweißpulver
35 g Traubenkernmehl	Etwas Öl zum Anbraten

Zubereitung für 1 Portion/Portionen:

1. Zunächst sollten Sie alle Zutaten gut miteinander verrühren.
2. Geben Sie ein wenig Öl in eine heiße Pfanne und eine große Kelle Ihres Pfannkuchen Teigs hinzu.
3. Braten Sie den Eierkuchen von beiden Seiten bis sie eine goldbraune Farbe annehmen..

Nährwertangaben pro 100g:

Kalorien in kcal: 216
Proteingehalt in Gramm: 23
Kohlenhydratgehalt in Gramm: 5,8
Fettgehalt in Gramm: 9

Low Carb Müsli mit Blaubeeren

Zubereitungszeit: 15 Minuten
Schwierigkeitsgrad: Leicht

Zutaten: (1 Portion) :

5 EL Magerquark	25 g Blaubeeren
2 TL Leinsamen	15 Mandeln, gehackt
2 EL Wasser	Süßstoff nach Bedarf

Zubereitung für 1 Portion/Portionen:

1. Den Quark mit Wasser zu einer cremigen Masse verrühren.
2. Leinsamen dazugeben und etwa 10 Minuten quellen lassen.
3. Anschließend die gehackten Mandeln unterheben und nach Bedarf süßen.

Nährwertangaben pro Portion:

Kalorien in kcal: 285
Proteingehalt in Gramm: 30,2
Kohlenhydratgehalt in Gramm: 10,7
Fettgehalt in Gramm: 11,8

Kokos Grapefruit Quark

Zubereitungszeit: 10 Minuten
Schwierigkeitsgrad: Leicht

Zutaten: (1 Portion) :

¼ EL Apfeldicksaft	125 g Magerquark
1 Orange	½ Grapefruit
10 g Kokosraspeln	¼ EL Apfeldicksaft

Zubereitung für 1 Portion/Portionen:

1. Den Quark mit dem Apfeldicksaft und der Hälfte derKokosr aspel verrühren.
2. Die Orange und die halbeGrapefruit schälen, filetieren und den Saft dabei auffangen.
3. Den aufgefangenen Saft unter den Quarkrühren, die Zitrus früchte auf dem Quark verteilen und mit den restlichen Kokosraspeln bestreuen.

Nährwertangaben pro Portion:

Kalorien in kcal: 68
Proteingehalt in Gramm: 5
Kohlenhydratgehalt in Gramm: 6,5
Fettgehalt in Gramm: 1,75

Fruchtquark

Zubereitungszeit: 5 Minuten
Schwierigkeitsgrad: Leicht

Zutaten: (1 Portion) :

125 g Magerquark	25 g Mango
25 g Blaubeeren	1 EL Leinsamen (geschrotet)
15 g Walnusskerne	2-3 EL Wasser

Zubereitung für 1 Portion/Portionen:

1. Den Quark mit Wasser glattrühren.
2. Das Mango Fruchtfleisch in Würfel schneiden.
3. Walnusskerne grobhacken und hinzufügen.
4. Alles miteinander vermengen und genießen.

Nährwertangaben pro Portion:

Kalorien in kcal: 243,4
Proteingehalt in Gramm: 22
Kohlenhydratgehalt in Gramm: 11,8
Fettgehalt in Gramm: 12

Chia Kokos Pudding

Zubereitungszeit: 10 Minuten + 1 Nacht
Schwierigkeitsgrad: Leicht

Zutaten: (1 Portion) :

200 ml Kokosmilch	50 g Ananas
½ EL Chia Samen	1 TL Kokosraspeln

Zubereitung für 1 Portion /Portionen:

1. Die Chia Samen mit der Kokosmilch verrühren und über Nacht zum Quellen in den Kühlschrank stellen.
2. Am nächsten Morgen die Anans in kleine Stücke schneiden und zusammen mit den Kokosraspeln unter den Chia-Pudding heben.
3. Fertig!

Nährwertangaben pro Portion:

Kalorien in kcal: 525
Proteingehalt in Gramm: 3,7
Kohlenhydratgehalt in Gramm: 15,8
Fettgehalt in Gramm: 50

Sojaflocken Müsli mit Kokos und Erdbeeren

Zubereitungszeit: 10 Minuten + 1 Nacht
Schwierigkeitsgrad: Mittelmäßig

Zutaten: (1 Portion):

5 EL Sojaflocken	1 EL Kokosraspeln
50 g Erdbeeren	150 ml Mandelmilch
½ Vanilleschote	Stevia oder Süßstoff nach Belieben

Zubereitung für 1 Portion/Portionen:

1. Am Vorabend die Sojaflocken mit den Kokosraspeln, dem Vanillemark, ggf. etwas Stevia oder Süßstoff und der Milch verrühren.
2. Über Nacht in den Kühlschrank stellen.
3. Am nächsten Morgen dann die Erdbeerensäubern, vierteln und zu de m Müsli geben. Gutdurchrühren und genießen.

Nährwertangaben pro Portion:

Kalorien in kcal: 299
Proteingehalt in Gramm: 22,1
Kohlenhydratgehalt in Gramm: 6,2
Fettgehalt in Gramm: 18,4

Protein Powershake mit Bananengeschmack

Zubereitungszeit: 5 Minuten
Schwierigkeitsgrad: Leicht

Zutaten: (1 Portion) :

1 Stück Banane	1 TL Erdnussbutter
250 ml fettarme Milch	30 g Whey Protein

Zubereitung für 1 Portion/Portionen:

Ihr packt einfach alle Zutaten in einen Messbecher und püriert alles bis eine sämige Masse entsteht. Und schon ist euer Protein Powershake fertig.

Nährwertangaben pro 100g:

Kalorien in kcal: 100
Proteingehalt in Gramm: 8
Kohlenhydratgehalt in Gramm: 4,6
Fettgehalt in Gramm: 2,6

Kokoscrepe mit Erdbeeren

Zubereitungszeit: 10 Minuten
Schwierigkeitsgrad: Mittel

Zutaten: (1 Portion) :

1 Ei	3 EL Kokosmilch
1 gehäufter TL Kokosmehl (circa 7 g)	0,5 TL Maisstärke
Salz	50 g Erdbeeren
100 g körniger Frischkäse (0,8 % Fett)	1 Spritzer flüssiger Honig
1 TL Sonnenblumenöl	0,5 Vanilleschote

Zubereitung:

1. Für den Crêpeteig Ei mit Kokosmilch, Mehl, Stärke und 1 Prise Salz verquirlen. Kurz ruhen lassen.
2. Die Erdbeeren waschen, putzen und je nach Größe halbieren oder vierteln. Den Frischkäse mit dem Honig und der Vanille verrühren.
3. Öl in einer beschichteten Pfanne erhitzen. Den Teig nochmals durchrühren, in die Pfanne gießen und durch Schwenken der Pfanne dünn verteilen. Crêpe bei mittlerer Hitze pro Seite 3 bis 4 Minuten goldgelb braten.
4. Crêpe auf einen Teller geben. Eine Hälfte mit Frischkäse bestreichen und mit Erdbeeren bestreuen, andere Hälfte darüberklappen.

Durchschnittliche Nährwerte:

Kalorien cal: 290
Fettgehalt in Gramm: 17 g
Kohlenhydratgehalt in Gramm: 10 g
Eiweißgehalt in Gramm: 23 g

Protein Schoko Souffle

Zubereitungszeit: Circa 20 Minuten
Schwierigkeitsgrad: Einfach

Zutaten/Portion:

60 g Whey Protein Schoko	30 g Kakaopulver stark entölt
30 g Haferflocken	1 St Ei(er) (Größe M)
65 ml Mandelmilch	1 TL Bio Kokosöl
3 TL Kokosblütenzucker	

Zubereitung:

1. Vorweg den Ofen auf 180C vorheizen. Währenddessen alle Zutaten in eine Schüssel geben und mit einem Rührgerät solange schlagen bis eine cremige Masse entsteht.
2. Zwei Soufflé Formen (oder feuerfeste Tassen) mit dem Kokosöl ausfetten und die Mischung gleichmäßig auf die Formen verteilen.
3. Die Soufflés im Ofen ca. 10 Minuten Backen. Die Soufflés mit einem Messer am Rand ablösen und auf einen Teller stürzen.

Durchschnittliche Nährwerte:

Kcal/100 ml: 226
Fett: 9 g
Kohlenhydrate: 11 g
Eiweiß: 25 g

Chia Samen-Limonade mit Beeren

Zubereitungszeit: Circa 15 Minuten
Schwierigkeitsgrad: Einfach

Zutaten:

250 ml Mineralwasser	2 Teelöffel Bio Chia Samen
1 halbe Zitrone	10 g Beeren nach Wahl
5-10 Blätter Minze	

Zubereitung:

1. 2 Teelöffel Chia Samen in ein Glas geben und zu 2/3 mit kaltem Mineralwasser auffüllen.
2. Zitrone halbieren, auspressen und einen Teelöffel Zitronensaft dazugeben.
3. Beeren und Minze waschen, ins Glas geben und gut umrühren.
4. Lass den Drink noch mind. 10 Minuten stehen, damit die Chia Samen quellen können.
5. →Du kannst die Beeren auch vorher pürieren, dann wird die Limonade noch fruchtiger.

Durchschnittliche Nährwerte:

Kcal/100 ml: 28
Fett: 1 g
Kohlenhydrate: 4 g
Eiweiß: 1 g

Frischkäse Pfannkuchen

Zubereitungszeit: Circa 20 Minuten
Schwierigkeitsgrad: Einfach

Zutaten (2 Portionen):

60g Frischkäse 0,2%	2 mittelgroße Eier
90g Mandelmehl	2 TL Xucker
120ml Mandelmilch	Prise Salz
Etwas Kokosöl	

Zubereitung:

1. Den Frischkäse, die Eier, Mandelmehl und Xucker miteinander verrühren.
2. Dann nach und nach Mandelmilch zugießen. Die Teigmasse sollte nicht zu dickflüssig sein, sonst verläuft der Teig in der Pfanne nicht.
3. Nach Gefühl und Bedarf noch etwas mehr Milch zugießen.
4. Etwas Öl in einer Pfanne erhitzen und alles auf mittlere Stufe stellen. Öl gleichmäßig in der Pfanne verteilen.
5. Etwas Teig abschöpfen und gleichmäßig in der Pfanne verteilen. Das Wenden ist der schwerste Teil: In Ruhe warten, bis der Teig sich komplett verfärbt hat. Dann versuchen mit einem Pfannenwender unter den Teig zu kommen und den Pfannkuchen zu wenden. Wichtig ist die niedrige Herdtemperatur, damit der Teig nicht anbrennt.
6. Wenn der Pfannkuchen von beiden Seiten gebraten wurde, alles auf einen Teller geben. Die Pfanne mit etwas Öl neu einfetten. Bei Bedarf den Pfannkuchen auf ein Küchentuch legen und etwas abtropfen lassen.
7. Alles wiederholen, bis der Teig aufgebraucht ist.
8. Wenn die Pfannkuchen direkt serviert werden, eventuell in einem Ofen warmhalten oder immer direkt aus der Pfanne servieren. Passend dazu: Vanillecreme, Vanilleeis, Früchte aller Art.
9. Alternative: Auch super lecker für Crepe-Rollen, Flädlesuppe oder Lachsröllchen.

Durchschnittliche Nährwerte:

Kcal/Portion: 295
Fett: 16,5 g
Kohlenhydrate: 7 g
Eiweiß: 28 g

Low Carb Mittagessen

Kokos Suppe

Zubereitungszeit: 20 Minuten
Schwierigkeitsgrad: Mittelmäßig

Zutaten:

125 g Lachs	400 ml Gemüsebrühe
100 ml Kokosmilch	100 g Frischkäse light
1 Messerspitze Thymian	1 Messerspitze Estragon
1/2 Zehe Knoblauch	1/2 EL Currypulver
1Gewürze Salz	1 EL Mandelblättchen

Zubereitung für 1 Portion/Portionen:

1. Im ersten Schritt bratet ihr in einer Pfanne den Lachs mit etwas Salz und Currypulver für ca. 10 Minuten an,
2. Zeitgleich erwärmt ihr in einem Topf den kleingeschnittenen Knoblauch mit einem Schuss Olivenöl. Wenn der Knoblauch ca. 3 Minuten angedünstet wurde, gebt ihr die Gemüsebrühe zusammen mit der Kokosmilch und dem Currypulver dazu.
3. Wenn alle Zutaten nun für 8 Minuten geköchelt haben, kommen die Messerspitzen Thymian bzw. Estragon und der Frischkäse dazu. Wenn der Frischkäse sich aufgelöst hat, kommt noch der in Stücke geschnittenen Lachs dazu.
4. Im letzten Schritt bräunt ihr noch die Mandelblättchen in einer Pfanne für 3 Minuten an und streut diese als Abschluss über die bereits im Teller befindliche Suppe.

Nährwertangaben pro Portion:

Kalorien in kcal: 65,7
Proteingehalt in Gramm: 4,9
Kohlenhydratgehalt in Gramm: 1,9
Fettgehalt in Gramm: 4,3

Chicken Caprese mit Paprika

Zubereitungszeit: 20 Minuten
Schwierigkeitsgrad: Leicht

Zutaten:

200g Hähnchenbrust	½ Mozzarella
½ Paprika rot	1 EL Balsamico
2 TL Olivenöl	5 Blätter Basilikum
1 Zehe Knoblauch	1 TL Dijon Senf
1Gewürze Salz, Pfeffer	

Zubereitung für 1 Portion/Portionen:

1. Im ersten Schritt presst ihr den Knoblauch und vermischt diesen mit dem Balsamico, dem Olivenöl, dem Senf und etwas Salz bzw. Pfeffer.
2. Zeitgleich schneidet ihr den Mozzarella, wie auch die Paprika in dünne Scheiben. Bei der Paprika bildet ihr am besten Stücke in der Größe der Mozzarella scheiben.
3. Im zweiten Schritt halbiert ihr die Hähnchenbrust der Länge nach und bratet sie für ca. 3 Minuten von jeder Seite mit etwas Salz scharf an.
4. Wenn dies passiert ist gebt ihr die Hähnchenbrust in eine Auflaufform, belegt sie mit der Paprika und bratet sie nochmal für ca. 10 Minuten in den auf 180 Grad vorgeheizten Backofen. Für die letzten 2 Minuten belegt ihr die Stücke noch mit dem Mozzarella.
5. Im letzten Schritt müsst ihr die Hähnchenbrust nur noch auf einen Teller legen und mit Basilikumblättern belegen.

Nährwertangaben pro Portion:

Kalorien in kcal: 115,7
Proteingehalt in Gramm: 11,8
Kohlenhydratgehalt in Gramm: 3,4
Fettgehalt in Gramm: 5,7

Frischkäse Salat mit Putenbruststreifen

Zubereitungszeit: 15 Minuten
Schwierigkeitsgrad: Leicht

Zutaten:

½ Paprika rot	½ Paprika gelb
1 Handvoll Feldsalat	60 g grober Frischkäse
60 g Fetakäse light	150 g Putenbrust
1 EL Olivenöl	1 Prise Salz
1 Prise Pfeffer	

Zubereitung für 1 Portion/Portionen:

1. Im ersten Schritt wascht ihr das Gemüse und schneidet die Paprika anschließend in kleine Stücke.
2. Zeitgleich scheidet ihr die Putenbrust in dünne Streifen und bratet sie dann für ca. 6 Minuten scharf mit einer Prise Salz und Pfeffer an.
3. Im dritten Schritt vermischt ihr nun den groben Frischkäse zusammen mit einer Prise Salz, dem EL Olivenöl und den Fetakäse. Sobald dies passiert ist, hebt ihr den Feldsalat und die Paprikastücke unter.
4. Im letzten Schritt gebt ihr jetzt nur noch euren Salat in einen tiefen Teller und dekoriert alles mit den Putenbruststreifen.
5.

Nährwertangaben pro Portion:

Kalorien in kcal: 106,5
Proteingehalt in Gramm: 12,8
Kohlenhydratgehalt in Gramm: 1,7
Fettgehalt in Gramm: 5,4

Salat Mix mit Senf Dressing

Zubereitungszeit: 10 Minuten
Schwierigkeitsgrad: Leicht

Zutaten:

1 Handvoll Blattsalat	1/3 Schlangengurke	¼ Paprika rot
¼ Paprika gelb	20 ml Olivenöl	20 ml Essig hell
40 ml Wasser	½ Salz	1/8 Bund Petersilie
1/8 Bund Dill	1 TL Süßer Senf	1 Prise Pfeffer

Zubereitung für 1 Portion/Portionen:

1. Im ersten Schritt schneidet ihr die Schlangengurke, die Paprika, die Petersilie und den Dill klein.
2. Im nächsten Schritt dekoriert ihr den Blattsalat zusammen mit der Schlangengurke und der Paprika ansehnlich auf einem Teller.
3. Für das Dressing vermischt ihr jetzt das Olivenöl mit dem Essig, dem Salz, dem Senf, dem Wasser, der Petersilie, dem Dill und einer Prise Pfeffer.
4. Im letzten Schritt gießt ihr das Dressing nur noch über den Salat und schon kann gegessen werden. Als Beilage empfehlen wir ein Stück Hähnchenbrust. .

Nährwertangaben pro Portion:

Kalorien in kcal: 78,7
Proteingehalt in Gramm: 0,9
Kohlenhydratgehalt in Gramm: 3,4
Fettgehalt in Gramm: 6,5

Saltimbocca an leichter Käse Brokkoli Sauce

Zubereitungszeit: 20 Minuten

Schwierigkeitsgrad: Leicht

Zutaten:

2 Schweineschnitzel	2 Scheiben Serranoschinken
2 Blätter Salbei	100 ml Milch fettarm
200 Brokkoli tiefgekühlt	40 g Parmesan gerieben
1 Prise Salz	1 Prise Knoblauch
1 Prise Pfeffer	1 TL Saucenbinder

Zubereitung für 1 Portion/Portionen:

1. Im ersten Schritt lasst ihr den Brokkoli auftauen und klopft die Schnitzel platt.
2. Nun erwärmt ihr den Brokkoli bei mittlerer Hitze zusammen mit einer Prise Salz und Knoblauchgewürz. Zeitgleich bratet ihr die Schnitzel in einer weiteren Pfanne kurz mit einer Prise Salz und Pfeffer für zwei Minuten scharf an.
3. Im nächsten Schritt belegt ihr jetzt die Schnitzel mit dem Serranoschinken, einem Salbeiblatt und befestigt alles schräg mit einem Holzspieß. Nun könnt ihr die Schnitzel auch wenden, ohne dass die Zutaten herunterfallen.
4. Zu dem Brokkoli gebt ihr jetzt die Milch und lasst diese kurz auf köcheln. Sobald dies passiert ist, rührt ihr den Käse, den Saucenbinder, sowie eine weitere Prise Salz und Knoblauch unter. Alle Zutaten müssen jetzt 4 Minuten ein köcheln.
5. Im letzten Schritt müsst ihr nur noch euer Saltimbocca zusammen mit der Käse-Brokkoli-Sauce ansehnlich auf einem Teller servieren und schon kann gegessen werden. .

Nährwertangaben pro Portion:

Kalorien in kcal: 98,5

Proteingehalt in Gramm: 13,7

Kohlenhydratgehalt in Gramm: 1,4

Fettgehalt in Gramm: 3,7

Mango-Avocado Salat

Zubereitungszeit: Circa 10 Minuten
Schwierigkeitsgrad: Einfach

Zutaten (1 Portion):

100g Blattsalat	100g Hühnchenbrust
0,5 Avocado	0,5 Mango
1,5 EL Zitronensaft	1 EL Orangensaft, zuckerfrei
3 EL Öl	0,5 EL Senf
Etwas Süßstoff	Salz
Pfeffer	

Zubereitung:

1. Die Hühnerbrust mit Wasser abbrausen, in mundgerechte Stücke schneiden, mit Salz und Pfeffer würzen und in einer Pfanne anbraten. Beiseite stellen.
2. Nun die Mango und die Avocados in kleine Würfel schneiden.
3. Die Avocado mit 1 EL Zitronensaft beträufeln, damit sie sich nicht verfärben.
4. Nun den Salat putzen und in mundgerechte Stücke zupfen, zusammen mit den Mango- und Avocadostücken und der Hähnchenbrust in eine Schüssel geben.
5. Nun 2 EL Zitronensaft zusammen mit dem Orangensaft, dem Öl, dem Süßstoff und dem Senf in eine Schüssel geben, gut verrühren und über den Salat geben.

Durchschnittliche Nährwerte:

Kcal/Portion: 712,5
Fett: 57,8 g
Kohlenhydrate: 20,2 g
Eiweiß: 27,1 g

Cevapcici mit Ajvar

Zubereitungszeit: Circa 20 Minuten
Schwierigkeitsgrad: Anspruchsvoll

Zutaten (2 Portionen):

Knoblauchzeh	1 Zwiebel
1 El Öl	1 El mildes Ajvar,
Paprikamus, Glas	1/4 Tl scharfes Paprikapulver
1 Tl edelsüßes Paprikapulver	250 g Rinderhack
Salz	Pfeffer

Zubereitung:

1. 1 Knoblauchzehe fein hacken, 1 Zwiebel fein würfeln, beides in 1 El heißem Olivenöl andünsten, 2 El mildes Ajvar (optional mit Paprikamus, Glas), 1/4 Tl scharfes Paprikapulver und 1 Tl edelsüßes Paprikapulver zugeben und kurz mitrösten.
2. Mischung in eine Schüssel füllen und abkühlen lassen.
3. 250 g Rinderhack, abgekühlte Zwiebelmischung, etwas Salz und Pfeffer gut verkneten. Masse evtl. nachwürzen. Dann mit leicht geölten Händen zu 8 Rollen von 8 cm Länge formen.
4. Auf 8 Schaschlikspieße stecken.
5. In 2 El heißem Olivenöl in einer beschichteten Pfanne rundherum 8-10 Min. bei mittlerer Hitze braun anbraten. Mit dem Bratöl servieren.

Durchschnittliche Nährwerte:

Kcal/Portion: 415
Fett: 33 g
Kohlenhydrate: 3 g
Eiweiß: 26 g

Puten Saltimbocca mit Brokkoli

Zubereitungszeit: Circa 20 Minuten
Schwierigkeitsgrad: Anspruchsvoll

Zutaten (2 Portionen):

4 dünne Putenschnitzel,	Muskatnuss
2 Scheiben Serrano-Schinken	Salz
Pfeffer	4 Salbeiblätter oder Knoblauchzehe
20 g ital. Hartkäse(z. B. Grana Padano)	1 Tl heller Saucenbinder
200 ml Milch	1 Spritzer Zitronensaft
400 g Broccoli	1 1/2 El Olivenöl

Zubereitung:

1. Schnitzel nebeneinander in einen Gefrierbeutel legen und mit einem Topfboden flach klopfen. Schinkenscheiben quer halbieren. Schnitzel mit wenig Salz und Pfeffer würzen. Mit je 1 Scheibe Schinken und 1 Salbeiblatt belegen und mit Zahnstochern feststecken.
2. Knoblauchzehe andrücken. Käse fein reiben. Milch mit Knoblauch aufkochen, bei milder Hitze 5 Min. kochen. Knoblauch entfernen. Käse in die Sauce rühren. Sauce mit Salz, Pfeffer und Zitronensaft würzen.
3. Broccoli putzen und in Röschen teilen. Broccolistrunk schälen, längs halbieren und in Scheiben schneiden. 1⁄2 El Öl in einem weiten Topf erhitzen. Broccoli darin bei mittlerer Hitze 2 Min. dünsten, salzen. 100 ml Wasser zugießen, aufkochen und zugedeckt 5 Min. garen.
4. Inzwischen 1 El Öl in einer beschichteten Pfanne erhitzen. Schnitzel darin bei mittlerer bis starker Hitze auf jeder Seite 3 Min. braten. Käsesauce aufkochen. Saucenbinder mit einem Schneebesen einrühren und kurz aufkochen. Sauce mit dem Schneidstab pürieren, sodass sie etwas schäumt. Broccoli mit Pfeffer und frisch geriebener Muskatnuss würzen. Mit Schnitzeln und Käsesauce servieren.

Durchschnittliche Nährwerte:

Kcal/Portion: 350
Fett: 16 g
Kohlenhydrate: 10 g
Eiweiß: 34 g

Käsesuppe

Zubereitungszeit: Circa 20 Minuten
Schwierigkeitsgrad: Mittel

Zutaten (2 Portionen):

3 Frühlingszwiebeln	150 g kleine Champignons
30 g getrocknete Tomaten (ohne Öl)	3 El Öl oder Knoblauchzehe
100 ml Weißwein	400 ml Gemüsebrühe
100 g italienischer Hartkäse (z. B. Grana padano)	Salz
Pfeffer	100 ml Schlagsahne

Zubereitung:

1. Frühlingszwiebeln putzen und waschen. Hellgrünes in feine Ringe schneiden, Weißes würfeln. Champignons putzen und halbieren oder vierteln. Tomaten quer in feine Streifen schneiden.
2. El Öl in einem Topf erhitzen, Zwiebelwürfel darin glasig braten. Knoblauch dazu pressen. Wein zugeben und bei starker Hitze 2 Min. kochen lassen. Brühe zugeben, zugedecktaufkochen und bei milder Hitze 5 Min. kochen lassen.
3. Käse fein reiben und unter Rühren in der Suppe auflösen. Suppe warm halten. Pilze in 2 El heißem Öl 3 Min. unter Rühren braten. Zwiebelringe und Tomaten untermischen und 2 Min. mitbraten. Mit Salz und Pfeffer würzen.
4. Sahne zur Suppe geben und mit einem Schneidstab schaumig pürieren. Salzen, pfeffern und mit den Pilzen anrichten.

Durchschnittliche Nährwerte:

Kcal/Portion: 564
Fett: 49 g
Kohlenhydrate: 7 g
Eiweiß: 20 g

Büffelmozzarella-Tomaten Salat

Zubereitungszeit: Circa 20 Minuten
Schwierigkeitsgrad: Mittel

Zutaten (1 Portionen):

125 g – Büffelmozzarella	ca. 120 g – Cherrytomaten
EL – Balsamico Creme	EL – Olivenöl
EL Zitronensaft	Salz und Pfeffer
5-6 Basilikumblätter	

Zubereitung:

1. Tomaten waschen und halbieren. Den Mozzarella kleinschneiden. Beides in eine Schüssel geben. Die Balsamico Creme, Olivenöl und Zitronensaft darüberträufeln und alles sehr gut vermischen. Dann mit Salz und Pfeffer abschmecken.
2. Basilikumblätter abzupfen und mit der Hand kleinrupfen oder mit einem Messer kleinhacken. Unter den Salat mischen. Fertig ist dein köstlicher Tomaten-Mozzarella Salat.
3. Als kleine Anmerkung: Achte auf die Nährwerte und Inhaltsstoffe der Balsamico Creme, da diese viel Zucker enthalten können, Farbstoffe, usw. Ich greife gerne auf Bio Balsamico zurück, der nicht ganz billig ist, der aber keine zehn Zeilen lange Zutatenliste aufweist.
4. Falls du keine Balsamico Creme hast, kannst du natürlich auch normalen Balsamico Essig verwenden! Wenn du deinem Salat noch eine grüne Komponente, abgesehen vom Basilikum, zugeben willst, dann mische einfach noch eine Hand Rucola dazu, passt natürlich super.

Durchschnittliche Nährwerte:

Kcal/Portion: 645
Fett: 52 g
Kohlenhydrate: 9,7 g
Eiweiß: 31 g

Roastbeef mit Avocados und Römersalat

Zubereitungszeit: Circa 20 Minuten
Schwierigkeitsgrad: Mittel

Zutaten (2 Portionen):

Halbe Avocado	100 g Tomaten
1/4 Salatgurke	1 rote Zwiebel
Knoblauchzehe	0,5 Stiel Petersilie
Saft von 1 halber Limette	1 EL Olivenöl, Salz
Pfeffer	2 Rumpsteaks (à ca. 180 g)
1 EL Sonnenblumenöl	50 g Römersalat
grober Pfeffer zum Bestreuen	evtl. Limettenspalten zum Garnieren

Zubereitung:

1. Avocado halbieren, Stein herauslösen, Schale abziehen. Fruchtfleisch in kleine Würfel schneiden. Tomaten waschen, putzen, vierteln und Kerngehäuse entfernen. Fruchtfleisch in Würfel schneiden. Gurke waschen, schälen und würfeln. Zwiebeln schälen und fein würfeln. Avocado, Tomate, Gurke und Zwiebeln miteinander vermengen.
2. Knoblauch schälen und fein hacken. Petersilie waschen, trocken tupfen und klein schneiden. Knoblauch, Petersilie und Limettensaft verrühren, Olivenöl darunter schlagen, mit Salz und Pfeffer würzen. Mit der Avocadomischung vermengen.
3. Fleisch trocken tupfen. Öl in einer Pfanne erhitzen, Fleisch darin von jeder Seiten ca. 6 Minuten braten, mit Salz und Pfeffer würzen. Salat waschen, trocken schütteln und Blätter zerzupfen. Salat auf eine Platte verteilen. Fleisch in dünne Scheiben schneiden, darauf anrichten, etwas Avocadosalsa darüber geben. Mit grobem Pfeffer bestreuen. Eventuell mit Limettenspalten garnieren. Restliche Avocadosalsa darzureichen.

Durchschnittliche Nährwerte:

Kcal/Portion: 440
Fett: 28 g
Kohlenhydrate: 5 g
Eiweiß: 41 g

Omelett-Wrap mit Schinken

Zubereitungszeit: Circa 15 Minuten
Schwierigkeitsgrad: Einfach

Zutaten (1 Portion):

1 Ei	2 TL Öl
Salz und Pfeffer	1 Möhre
1 Frühlingszwiebel	3 Stiele Petersilie
100 g Magerquark	2 Scheiben Kochschinken (á 15 g)

Zubereitung:

1. Das Ei mit 1 TL Öl verquirlen und mit Salz und Pfeffer würzen. Das restliche Öl in einer kleinen beschichteten Pfanne erhitzen. Die Eimasse hineingeben und durch Schwenken der Pfanne dünn verteilen. Etwa 1 Minute braten, dann vorsichtig wenden und etwa 1 Minute weiterbraten. Auf einen Teller geben und abkühlen lassen.
2. Inzwischen die Möhre putzen, schälen und grob raspeln. Die Frühlingszwiebel putzen, waschen und in feine Ringe schneiden. Die Petersilie waschen und trocken tupfen, die Blätter abzupfen und fein hacken. Alles unter den Quark rühren und mit Salz und Pfeffer würzen.
3. Den Schinken auf das Omelette legen und mit dem Quark bestreichen. Das Omelette aufrollen. Zum Mitnehmen erst in Frischhalte-, dann in Alufolie wickeln und bis zum Verzehr kühl stellen.

Durchschnittliche Nährwerte:

Kcal/Portion: 270
Fett: 13 g
Kohlenhydrate: 9 g
Eiweiß: 29 g

Käsechips

Zubereitungszeit: Circa 20 Minuten
Schwierigkeitsgrad: Einfach

Zutaten (6 Portionen):

6 Scheiben Gouda Käse

Zubereitung:

1. Ofen auf 190 Grad vorheizen.
2. Käse in 2-4 Teile schneiden.
3. Die Käsestücke in 1 cm. Abständen auf einen mit Backpapier ausgelegtes Backblech legen.
4. Im Backofen ca. 12 Minuten goldbraun backen.
5. Auskühlen lassen und genießen

Durchschnittliche Nährwerte :

Kcal/Chip: 65
Fett: 4 g
Kohlenhydrate: 0 g
Eiweiß: 7 g

Eiweiß-Omelett

Zubereitungszeit: Circa 10 Minuten
Schwierigkeitsgrad: Einfach

Zutaten (1 Portion):

3 Eiweiß	1 Eigelb
1oog Hackfleisch, gemischt	1 Zwiebel
1 Tomate	2 Frühlingszwiebeln
Etwas Knoblauch	Olivenöl
Salz	Pfeffer
Je nach Geschmack: etwas Feta-Käse	

- **Weitere mögliche Zutaten:**

Babyspinat	Räucherlachs
Knoblauch	Brokkoli
Gekochter Schinken	Schnittlauch
Geriebener Käse	

Zubereitung:

1. Die Zwiebel klein schneiden und in etwas Olivenöl zusammen mit dem Hackfleisch anbraten.
2. Anschließend die in mundgerechte Stücke geschnittenen Tomatenstückchen sowie die Frühlingszwiebeln hinzugeben und etwas schmoren lassen, mit Paprika, Salz und Pfeffer abschmecken.
3. Nun das Eiweiß vom Eigelb trennen und das Eiweiß zusammen mit einem Eigelb solange mit einem Rührbesen schlagen bis sich in der Masse kleine Luftblasen bilden.
4. Nun in die Pfanne geben und bei mittlerer Hitze etwa 2 Minuten stocken lassen.
5. Das Omelett umdrehen und kurz von der anderen Seite anbraten, auf einen Teller geben.
6. Nun die Hackfleischfüllung auf die eine Hälfte der Omelette geben, die andere Hälfte darüber klappen und sofort servieren.

Durchschnittliche Nährwerte :

Kcal/Portion: 405,6
Fett: 23,3 g
Kohlenhydrate: 12,4 g
Eiweiß: 35,8 g

Quinoa Muffins

Zubereitungszeit: Circa 20 Minuten
Schwierigkeitsgrad: Mittel

Zutaten (3 Portionen):

50 g gekochter Quinoa	50 g Mozzarella (gerieben)
1 halbe kleine längliche Paprika	15 g Parmesan (gerieben)
Prise Salz, Pfeffer	etwas Oregano (optional)

Zubereitung:

1. Backofen auf 200 °C mit Umluft vorheizen und eine Muffinbackform mit Papier-Muffinförmchen füllen.
2. Die Paprika (optimal sind kleine längliche Paprika) in dünne Scheiben schneiden und zusammen mit Mozarella, Parmesan (ich habe frischen Parmesan verwendet und selbst gerieben) und den gekochten Quinoa-Samen in eine Schüssel geben und gut vermischen.
3. Für ca. 15 bis 20 Minuten bei 200 °C backen.
4. Kurz abkühlen lassen. Optional in einer eigenen würzigen Tomatensoße dippen.

Durchschnittliche Nährwerte :

Kcal/Portion: 95
Fett: 6 g
Kohlenhydrate: 4 g
Eiweiß: 6,5 g

Salat mit Ziegenkäse

Zubereitungszeit: Circa 10 Minuten
Schwierigkeitsgrad: Einfach

Zutaten (1 Portionen):

1 Mini-Romanasalat	1 Ziegenkäsetaler (à 80g)
0,5 Paprika, rot	0,25 Schlangengurke
10g Haselnusskerne (alternativ: Walnüsse, gehackt)	2 EL Walnussöl
2 EL Balsamico, weiß	Salz
Pfeffer	

Zubereitung:

1. Salat waschen, trocken schütteln und in mundgerechte Stücke zupfen
2. Den Ziegenkäsetaler mit 1 TL Honig bestreichen und etwa 3 Minuten bei 200°C (Heißluft) im Backofen backen
3. In der Zwischenzeit das Dressing aus Balsamico, Öl, 1 EL Honig, Salz und Pfeffer anrühren
4. Das Dressing mit dem Salat vermischen und den Ziegenkäsetaler darauf anrichten. Sofort servieren

Durchschnittliche Nährwerte :

Kcal/Portion: 516,7
Fett: 57,9 g
Kohlenhydrate: 5,9 g
Eiweiß: 28,2 g

Soja Bratlinge

Zubereitungszeit: Circa 20 Minuten
Schwierigkeitsgrad: Einfach

Zutaten (2 Portionen):

Pfeffer	500 ml Wasser
200 g Soja-Granulat	2 Eier
Mandelmehl	1 Zwiebel
1 Knoblauchzehe	Öl
Paprikagewürz	Salz

Zubereitung:

1. Das Soja-Granulat in einen Topf geben und etwa 10 Minuten in kochend heißem Wasser einweichen.
2. Das Wasser abgießen und das Granulat ausdrücken und somit vom Wasser befreien.
3. Die Zwiebel und die Knoblauchzehe klein hacken und mit den Eiern verquirlen.
4. Das Soja-Geschnetzelte hinzugeben und verrühren.
5. Nun mit Salz, Pfeffer und Paprikagewürz abschmecken.
6. Um dem ganzen etwas Bindung zu verleihen und sicherzustellen, dass es beim Braten in der gewünschten Form bleibt, gerade einmal so viel Mandelmehl zu der Masse geben, bis sich daraus Bratlinge formen lassen.
7. Etwas Öl in einer Pfanne verteilen und die Soja-Bratlinge anbraten, bis diese eine goldbraune Farbe annehmen.

Durchschnittliche Nährwerte :

Kcal/Portion: 388,0
Fett: 8,3 g
Kohlenhydrate: 19,8 g
Eiweiß: 32,8 g

Low Carb Abendessen

Vegetarische Tofu-Brokkoli Pfanne

Zubereitungszeit: Circa 15 Minuten
Schwierigkeitsgrad: Mittel

Zutaten (2 Portionen):

400g Brokkoli	200 ml Kokosmilch
200g Tofu	50 ml Wasser
1 halber Bund Frühlingszwiebeln	40 ml Gemüsebrühe
40 g Erdnüsse, kleingehackt, geröstet	1 halber EL Erdnussmus
2,5 EL Sesamöl	1,5 Knoblauchzehen
Viertel TL rote Currypaste	Etwas Sojasoße

Zubereitung:

1. Die Currypaste in eine Pfanne geben und - ohne die Zugabe von Öl oder sonstigem - etwa eine Minute anschwitzen, so dass die Aromen frei werden.
2. Nun das Wasser, die Kokosmilch und den Erdnussmus zu der Currypaste geben, aufkochen und weiter vor sich hin köcheln lassen.
3. Währenddessen den Tofu in kleine, mundgerechte Stücke schneiden und in einer zweiten Pfanne mit etwas Öl goldbraun anbraten, beiseitestellen.
4. Den Brokkoli in kleine Röschen teilen, die Frühlingszwiebeln in feine Ringe schneiden.
5. Der Brokkoli wird zuerst - etwa 4 bis 5 Minuten - in einer Pfanne angebraten und dann mit Gemüsebrühe abgelöscht.
6. Die Frühlingszwiebeln und den Tofu hinzugeben und bei mittlerer Hitze köcheln lassen. Anschließend mit Sojasoße und etwas Salz und Pfeffer abschmecken.
7. Auf vier Tellern anrichten, Erdnusssoße darübergeben und ein paar kleingehackte, geröstete Erdnüsse darüber streuen. Guten Appetit!

Durchschnittliche Nährwerte :

Kcal/Portion: 560,6

Fett: 40,8 g

Kohlenhydrate: 11,8 g

Eiweiß: 32,6 g

Forelle im Speckmantel mit griechischen Spinat

Zubereitungszeit: 20 Minuten
Schwierigkeitsgrad: Leicht

Zutaten:

2 mittelgroße Regenbogenforellen	4 Stängel frischer Rosmarin
4 Streifen Speck	¼ Zwiebel, klein geschnitten
250 g Spinat, tiefgefroren	40 g Schafskäse, zerbröselt
50 g Hüttenkäse	etwas Butter
etwas Salz	

Zubereitung für 2 Portion/Portionen:

1. Ritzen Sie in regelmäßigen Abständen Streifen in die Forellen und füllen Sieden Rosmarin hinein. Dann salzen Sie die Fische.
2. Wickeln Sie nun 2 StreifenSpeck um jeden Fisch, bedecken Sie dabei so viel Haut der Forellen wie möglich. Befestigen Sie den Speck mit Rouladennadeln oder Zahnstochern. Geben Sie die Forellen auf den Grill, wo sie bleiben, bis der Speck schön kross gebraten ist.
3. Erhitzen Sie die Butter in einerPfanne. Geben Sie dann die Zwiebel hinzu und braten Sie diese eineMinute an. Fügen Sie nun den Spinat hinzu und garen Sie das Ganze untergelegentlichem Umrühren für 5 b is 7 Minuten. Geben Sie nun denHüttenkäse und den Schafskäse zum Spinat und lassen Sie alles weitergaren, bis der Käse geschmolzen ist. Servieren Sie den Spinat zusammenmit den Forellen.

Nährwertangaben pro Portion:

Kalorien in kcal: 396
Proteingehalt in Gramm: 57
Kohlenhydratgehalt in Gramm: 8
Fettgehalt in Gramm: 19

Exotischer Salat mit Putenbrust

Zubereitungszeit: 10 Minuten
Schwierigkeitsgrad: Mittemäßig

Zutaten:

100 Gramm Putenbrustfilet	4 Esslöffel Sojasoße
½ Knoblauchzehe	1 Teelöffel Öl
125 Gramm Mangold, frisch	50 Gramm Mangowürfel (TK)
2 Teelöffel Balsamico-Creme	1 Prise Salz
Etwas Pfeffer	

Zubereitung für 1 Portion/Portionen:

1. Die Putenbrust in Streifen schneiden, dieKnoblauchzehe fe in hacken. Knoblauch und Pute mit derSojasoße und dem Öl mischen und 10 Minuten marinieren lassen
2. In einer Pfanne anbraten und aus derPfanne nehmen. Die Mangowürfel in die Pfanne geben und kurz anbraten. Den Mangold waschen und trockenschleudern.
3. Den Mangold mit den Mangowürfeln mischen, mitSalz und Pfeffer abschmecken und mit Balsamico Cremebeträufeln.
4. Den Bratensaft ebenfalls über den Salat träufeln.
5. Die Putenbrust Streifen dekorativ auf den Salat geben und sofort servieren.

Nährwertangaben pro Portion:

Kalorien in kcal: 180
Proteingehalt in Gramm: 24
Kohlenhydratgehalt in Gramm: 5
Fettgehalt in Gramm: 8

Sauerkraut Salat

Zubereitungszeit: 10 Minuten
Schwierigkeitsgrad: Leicht

Zutaten:

220 Gramm mildes Sauerkraut	½ Kopf Romana-Salat
1 kleine Birne	6 Esslöffel Magermilchjoghurt
¼ Teelöffel Salz	Etwas Pfeffer
1 Spritzer Orangensaft	2 Esslöffel Mandelblättchen

Zubereitung für 1 Portion/Portionen:

1. Den Salat waschen und trockenschleudern, in feine Streifen schneiden. Mit dem Sauerkraut mischen. Die Birne entkernen und würfeln.
2. Aus Joghurt, Salz, Pfeffer und Orangensaft ein Dressing herstellen.
3. Den Salat-Sauerkrautmix mit dem Dressing mischen und die Birnenwürfel unterheben. Mit Mandelblättchen bestreut servieren.

Nährwertangaben pro Portion:

Kalorien in kcal:137
Proteingehalt in Gramm: 6
Kohlenhydratgehalt in Gramm: 10
Fettgehalt in Gramm: 10

Salat mit Pfirsich

Zubereitungszeit: 8 Minuten
Schwierigkeitsgrad: Leicht

Zutaten:

1 Pfirsich (frisch)	1 Teelöffel Limettensaft
2 Frühlingszwiebeln	50 Gramm Rucola
100 Gramm Frisee-Salat	2 Teelöffel Olivenöl
2 Teelöffel weißer Balsamico-Essig	1 Esslöffel Wasser
1 Prise Salz	Etwas Pfeffer
2 Esslöffel Cashew-Kerne	

Zubereitung für 1 Portion/Portionen:

1. Die Pfirsich entkernen, in Spalten schneiden, mit demLimetten saft marinieren.
2. Die Frühlingszwiebel in feine Ringe schneiden. Mitden Pfirsichs palten und den beiden Salatsorten mischen.
3. Aus Öl, Essig, Salz, Pfeffer und Wasser ein Dressingherstellen. Über den Salat geben. Mit den Cashew-Kernen bestreut servieren.

Nährwertangaben pro Portion:

Kalorien in kcal: 232
Proteingehalt in Gramm: 2
Kohlenhydratgehalt in Gramm: 1
Fettgehalt in Gramm: 6

Eiersalat mit Tomaten

Zubereitungszeit: 5 Minuten
Schwierigkeitsgrad: Leicht

Zutaten:

2 hartgekochte Eier	6 Cocktailtomaten
1 Esslöffel Salatmayonnaise	2 Esslöffel Magermilchjoghurt
1 Prise Salz	Etwas Pfeffer
1 Esslöffel Schnittlauchröllchen	

Zubereitung für 1 Portion/Portionen:

1. Die Eier hacken, die Tomaten würfeln
2. Mit Salatmayonnaise, Joghurt, Salz, Pfeffer und Schnittlauchröllchen mischen.

Nährwertangaben pro Portion:

Kalorien in kcal: 270
Proteingehalt in Gramm: 16
Kohlenhydratgehalt in Gramm: 4
Fettgehalt in Gramm: 21

Gurken Radieschen Salat

Zubereitungszeit: 5 Minuten
Schwierigkeitsgrad: Mittelmäßig

Zutaten:

1 Gurke	6 Radieschen
3 Esslöffel Magermilchjoghurt	1 Prise Salz
Etwas Pfeffer	1 Spritzer Weißweinessig
Etwas Senf	2 Esslöffel Kresse
1 Esslöffel Pinienkerne	

Zubereitung für 1 Portion/Portionen:

1. Die Gurke und die Radieschen hobeln. Magermilchjoghurt, Salz, etwas Pfeffer, Essig und etwas Senf sowie 1 Esslöffel Kresse verrühren.
2. Die Gemüsescheiben mit der Marinade mischen. 2Minuten marinieren lassen und mit der restlichen Kresse und den Pinienkernen bestreut servieren.

Nährwertangaben pro Portion:

Kalorien in kcal: 87
Proteingehalt in Gramm: 4
Kohlenhydratgehalt in Gramm: 5
Fettgehalt in Gramm: 5

Thunfisch-Eier Salat

Zubereitungszeit: 5 Minuten
Schwierigkeitsgrad: Leicht

Zutaten:

120 Gramm Thunfisch aus der Dose (im eigenen Saft)	1 Gewürzgurke
2 Esslöffel fettarmer Joghurt	1 hartgekochtes Ei
Salz	Chilipulver
1 Esslöffel Schnittlauchröllchen	

Zubereitung für 1 Portion/Portionen:

1. Den Thunfisch abtropfen lassen und mit einer Gabelgrob z erpflücken.
2. Die eingelegte Gurke fein würfeln.
3. Mit Joghurt, Salz, Pfeffer und Schnittlauch mischen.
4. Das hartgekochte Ei fein hacken. Ei und Thunfischunter die Joghurtcreme ziehen

Nährwertangaben pro Portion:

Kalorien in kcal: 220
Proteingehalt in Gramm: 26
Kohlenhydratgehalt in Gramm: 1
Fettgehalt in Gramm: 7

Tomaten Pesto Sandwich

Zubereitungszeit: 10 Minuten
Schwierigkeitsgrad: Leicht

Zutaten:

2 Scheiben Eiweißbrot	2 Teelöffel Reibekäse
1 Esslöffel Pesto Genovese	1 Teelöffel Pinienkerne
3 Cocktailtomaten	Einige Basilikum blätter

Zubereitung für 1 Portion/Portionen:

1. Die beiden Scheiben Eiweißbrot mit Pesto bestreichen.
2. Die Tomaten in Scheiben schneiden und auf die untereBrotsch eibe legen. Mit den Pinienkernen, dem Reibekäse und dem Basilikum bestreuen.
3. Die zweite Scheibe auflegen und im Sandwich-Toasterca. 5 Minuten toasten.

Nährwertangaben pro Portion:

Kalorien in kcal: 250
Proteingehalt in Gramm: 19
Kohlenhydratgehalt in Gramm: 10
Fettgehalt in Gramm: 22

Schinken Käse Sandwich

Zubereitungszeit: 15 Minuten
Schwierigkeitsgrad: Mittelmäßig

Zutaten:

25 Gramm Haferkleie	50 Gramm Magerquark
1 Ei	1 Teelöffel Backpulver
1 Prise Salz	1 Esslöffel Frischkäse (magerstufe)
2 – 3 Salatblätter	1 kleine Tomate
1 Scheibe Schinken	1 Scheibe Käse

Zubereitung für 1 Portion/Portionen:

1. Die Haferkleie mit dem Backpulver in einer mikrowellengeeignete Schüssel oder einer Tassemischen. Quark, Ei und Salz dazugeben und gut verrühren. 10 Minuten quellen lassen.
2. Die Schüssel abdecken, lediglich einen kleinen Spalt offen lassen. In der Mikrowelle bei 600 Watt 3 Minuten„backen". Das so entstandene Brötchen in der Schüsselumdrehen und offen eine weitere Minute bei 600 Watt erhitzen. Das Brötchen etwas abkühlen lassen, halbieren und imToaster noch einmal kurz toasten, damit es knusprig wird.
   Beide Seiten mit Frischkäse bestreichen. Die Tomate in Scheiben schneiden und auf die untere Hälfte legen
3. Salat, Schinken und Käse darauflegen, zuklappen und servieren.

Nährwertangaben pro Portion:

Kalorien in kcal: 267
Proteingehalt in Gramm: 20
Kohlenhydratgehalt in Gramm: 10
Fettgehalt in Gramm: 12

Lachsbrötchen

Zubereitungszeit: 10 Minuten
Schwierigkeitsgrad: Leicht

Zutaten:

1 Eiweiß-Toastbrötchen	2 Eier
1 Esslöffel Mineralwasser	1 Prise Salz
Etwas Pfeffer	½ Teelöffel Petersilie
½ Teelöffel Öl	2 Scheiben Räucherlachs
1 Teelöffel Schnittlauchröllchen	

Zubereitung für 1 Portion/Portionen:

1. Das Toastbrötchen toasten
2. Die Eier mit dem Mineralwasser, Salz, Pfeffer undPetersilie ver quirlen. In einer Pfanne mit dem Öl zum Rührei braten.
3. Das Rührei auf das Toastbrötchen geben, den Lachsdarauf anri chten und mit dem Schnittlauch

Nährwertangaben pro Portion:

Kalorien in kcal: 307
Proteingehalt in Gramm: 32
Kohlenhydratgehalt in Gramm: 3
Fettgehalt in Gramm: 32

Tomatenbrot

Zubereitungszeit: 5 Minuten
Schwierigkeitsgrad: Leicht

Zutaten:

50 Gramm Magerquark	1 Teelöffel Tomatenmark
1 Prise Salz	1 Prise Oregano
2 Scheiben Eiweißbrot	4 Cocktailtomaten

Zubereitung für 1 Portion/Portionen:

1. Den Quark mit dem Tomatenmark, dem Salz und dem Oregano mischen.
2. Das Eiweißbrot mit dem Quark bestreichen.
3. Die Tomaten in Scheiben schneiden und die Brotscheiben damit garnieren.

Nährwertangaben pro Portion:

Kalorien in kcal: 244
Proteingehalt in Gramm: 28
Kohlenhydratgehalt in Gramm: 10
Fettgehalt in Gramm: 8

Knäckebrot mit Frischkäse

Zubereitungszeit: 15 Minuten
Schwierigkeitsgrad: Leicht

Zutaten:

5 Esslöffel geschroteter Leinsamen	5 Esslöffel Wasser
1 Esslöffel Frischkäse (magerstufe)	1 Frühlingszwiebel
3 Blättchen Basilikum, grob gehackt	1 Prise Salz
15g Gratinkäse	

Zubereitung für 1 Portion/Portionen:

1. Den Leinsamen mit dem Wasser verrühren und 5 Minuten quellen lassen. Auf einem Stück Backpapierden Leinsamen-Brei dünn ausstreichen, so dass 2 gleichgroße Scheiben entstehen. In der Mikrowelle bei 800 Watt ca. 3 Minuten backen.
2. .In der Zwischenzeit die Frühlingszwiebel in Ringe schneiden
3. . Mit dem Basilikum, Salz, Frischkäse und Gratinkäse mischen. Diesen Mix auf dem gebackenen Leinsamen-Knäckebrot verteilen.
4. Nochmals bei 800 Watt für ca. 45 Sekunden in der Mikrowelle gratieren.

Nährwertangaben pro Portion:

Kalorien in kcal: 200
Proteingehalt in Gramm: 2
Kohlenhydratgehalt in Gramm: 2
Fettgehalt in Gramm:17

Garnelen Toast

Zubereitungszeit: 10 Minuten
Schwierigkeitsgrad: Leicht

Zutaten:

2 Scheiben Eiweißbrot	½ Teelöffel Olivenöl
2 Esslöffel körniger Frischkäse	1 Prise Salz
30 Gramm gegarte Garnelen (z.B. aus dem Glas)	1 Esslöffel Kresse

Zubereitung für 1 Portion/Portionen:

1. Das Eiweißbrot mit dem Olivenöl bestreichen und in der Pfanne leicht rösten. Anschließend mit dem kör nigenFrischkäse belegen und leicht salzen.
2. Die Scampi auf das Brot legen und mit Kressegarnier en. Den Deckel über die Brote geben und alles auf der ausgeschalteten Herdplatte 2 – 3 Minuten ziehen lassen, so dass das Brot samt Belag warm wird.

Nährwertangaben pro Portion:

Kalorien in kcal: 250
Proteingehalt in Gramm: 24
Kohlenhydratgehalt in Gramm: 6
Fettgehalt in Gramm: 11

Paprika Frischkäse Brötchen

Zubereitungszeit: 10 Minuten
Schwierigkeitsgrad: Leicht

Zutaten:

Eiweiß-Toastbrötchen	2 Teelöffel Frischkäse (magerstufe)
2 Teelöffel Ajvar (pikante Paprikacreme)	¼ rote Paprikaschote
4 Blättchen Basilikum	

Zubereitung für 1 Portion/Portionen:

1. Die Toastbrötchen toasten und mit dem Frischkäse bestreichen.
2. Den Ajvar darauf geben.
3. Die Paprikaschote fein würfeln und auf die Brötchengeben. Mit Basilikumblättern garnieren.

Nährwertangaben pro Portion:

Kalorien in kcal: 217
Proteingehalt in Gramm: 19
Kohlenhydratgehalt in Gramm: 10
Fettgehalt in Gramm: 8

Kräuterbrot mit Hühnerbrust

Zubereitungszeit: 10 Minuten
Schwierigkeitsgrad: Mittelmäßig

Zutaten:

4 Esslöffel Leinsamen, geschrotet	4 Esslöffel Wasser
1 Teelöffel Kräuter der Provence	1 mittelgroße Tomate
½ Handvoll Rucola-Salat	2 Teelöffel Frischkäse (magerstufe)
Etwas Salz	Etwas Pfeffer
50 Gramm Hähnchenbrust, geräuchert und gegart	

Zubereitung für 1 Portion/Portionen:

1. Den Leinsamen mit dem Wasser und den Kräuternmischen. 5 Minuten quellen lassen.
2. Auf einem Stück Backpapier den Leinsamen-Breidünn ausstreichen, so dass 2 gleich große Scheiben entstehen.
In der Mikrowelle bei 800 Watt ca. 3 Minuten backen.
3. Die Tomate in Scheiben schneiden, den Rucola waschen.
4. Das Knäckebrot aus der Mikrowelle nehmen, mit dem Frischkäse bestreichen, salzen und pfeffern, die Rucolablätter auflegen. Mit der Hähnchenbrust belegen und mit den Tomatenscheiben garnieren.

Nährwertangaben pro Portion:

Kalorien in kcal: 217
Proteingehalt in Gramm:17
Kohlenhydratgehalt in Gramm: 2
Fettgehalt in Gramm: 17

Tomaten-Mozzarella Sandwich

Zubereitungszeit: 20 Minuten
Schwierigkeitsgrad: Mittelmäßig

Zutaten:

20 Gramm Haferkleie	1 Ei
45 Gramm Magerquark	1 Teelöffel Backpulver
1 Prise Salz	1 kleine Tomate
50 Gramm Mozzarella käse	Salz
Pfeffer	Einige Basilikumblätter

Zubereitung für 1 Portion/Portionen:

1. Die Haferkleie mit dem Backpulver in einermikrowellengeeignete Schüssel oder einer Tassemischen. Quark, Ei und Salz dazugeben und gut verrühren. 10 Minuten quellen lassen.
2. Die Schüssel abdecken, lediglich einen kleinen Spaltoffen lassen. In der Mikrowelle bei 600 Watt 3 Minuten backen“.
3. Das so entstandene Brötchen in der Schüssel umdrehen und offen eine weitere Minute bei 600 Watt erhitzen. Das Brötchen etwas abkühlen lassen und halbieren.
4. Die Tomate und den Mozzarella in Scheiben schneiden und auf die untere Hälfte legen. Mit Basilikumblättern bedecken. Die obere Hälfte darauflegen und das Brötchen im Sandwich-Toaster einige Minuten kross toasten.

Nährwertangaben pro Portion:

Kalorien in kcal: 267
Proteingehalt in Gramm: 20
Kohlenhydratgehalt in Gramm: 10
Fettgehalt in Gramm:12

Omelette mit Pfifferlingen

Zubereitungszeit: 5 Minuten
Schwierigkeitsgrad: Leicht

Zutaten:

100 Gramm Pfifferlinge	2 Frühlingszwiebeln
2 Eier	2 Esslöffel Wasser
1 Prise Salz	Etwas Pfeffer
½ Teelöffel Kräuter der Provence	½ Teelöffel Öl

Zubereitung für 1 Portion/Portionen:

1. Die Pilze putzen und in Scheiben schneiden. Die Frühlingszwiebeln in Ringe schneiden.
2. Die Eier mit Wasser, Salz und Pfeffer und den Kräutern verquirlen.
3. Das Öl in einer Pfanne erhitzen, die Pilze und die Frühlingszwiebeln kurz anbraten. Die Eiermischung angießen, den Deckel auf die Pfanne legen und ein Omelette braten.

Nährwertangaben pro Portion:

Kalorien in kcal: 175
Proteingehalt in Gramm: 13
Kohlenhydratgehalt in Gramm: 1
Fettgehalt in Gramm: 12

Gemüse-Frittate

Zubereitungszeit: 10 Minuten
Schwierigkeitsgrad: Leicht

Zutaten:

1 Prise Chilipulver	Möhre
1 kleine Zwiebel	100 Gramm Erbsen
1 Teelöffel Öl	2 Eier
1 Prise Salz	

Zubereitung für 1 Portion/Portionen:

1. Die Möhre und die Zwiebel in Stifte raspeln. Zusammen mit den Erbsen in einer Pfanne im Öl anbraten. Sind die Zwiebeln glasig, die Mischung gleichmäßig auf dem Pfannenboden verteilen und leicht andrücken.
2. Die Eier mit Salz und dem Chilipulver verrühren, zur Gemüsemischung gießen und bei geschlossenem Deckel und milder Hitze stocken lassen.

Nährwertangaben pro Portion:

Kalorien in kcal: 232
Proteingehalt in Gramm: 13
Kohlenhydratgehalt in Gramm: 3
Fettgehalt in Gramm: 19

Feta-Pfannkuchen

Zubereitungszeit: 10 Minuten
Schwierigkeitsgrad: Mittelmäßig

Zutaten:

2 Eier	1 Prise Salz
1 Prise Chilipulver	½ Teelöffel Knoblauchöl
1 kleine Paprikaschote	40 Gramm Fetakäse light
1 Stiel frischer Thymian oder etwas Oregano	

Zubereitung für 1 Portion/Portionen:

1. Die Eier mit Salz und Chilipulver verquirlen. Die Masse in einer beschichteten Pfanne im Knoblauchöl zu einem Pfannkuchen stocken lassen.
2. In der Zwischenzeit die Paprikaschote sehr feinwürf eln. Die Würfel auf dem Pfannkuchen verteilen.
3. Den Fetakäse zerkrümeln, auf den Pfannkuchen geben. Diesen zusammenklappen, so dass der Käse leicht schmilzt. Mit frischem Thymian den Oregano bestreuen.

Nährwertangaben pro Portion:

Kalorien in kcal: 301
Proteingehalt in Gramm: 24
Kohlenhydratgehalt in Gramm: 1
Fettgehalt in Gramm: 19

Blumenkohl Püree mit Kräutercrotons

Zubereitungszeit: 15 Minuten
Schwierigkeitsgrad: Leicht

Zutaten:

400 Gramm Blumenkohl	¼ Teelöffel Salz
1 Esslöffel Sahne	Etwas Muskatnuss (nach Belieben)
½ Eiweißbrötchen	2 Teelöffel Knoblauchöl
1 Teelöffel Schnittlauch	

Zubereitung für 1 Portion/Portionen:

1. Den Blumenkohl mit wenig Wasser in einem Topf oder in der Mikrowelle weich dünsten (ca. 10 Minuten).
2. In der Zwischenzeit das halbe Eiweißbrötchen in Würfel schneiden und im Knoblauchöl von allen Seitenanrösten.
3. Die Croutons mit dem Schnittlauch mischen Salz, Sahne und Muskatnuss zum Blumenkohlgeben und mit einem Kartoffelstampfer zerkleinern.
4. Mit den Kräutercroutons bestreut servieren.

Nährwertangaben pro Portion:

Kalorien in kcal: 182
Proteingehalt in Gramm: 12
Kohlenhydratgehalt in Gramm: 6
Fettgehalt in Gramm: 9

Spargel mit Limettenfrischkäse

Zubereitungszeit: 15 Minuten
Schwierigkeitsgrad: Mittelmäßig

Zutaten:

300 Gramm Spargel	2 Teelöffel Öl
Etwas Salz	75 Gramm Frischkäse (light)
1 Esslöffel Limettensaft	Etwas abgeriebene Limettenschale

Zubereitung für 1 Portion/Portionen:

1. Die Enden des Spargels abschneiden und die Stangenschälen. Die Stangen hauchdünn mit Öl bestreichen und in mundgerechte Stücke schneiden.
2. Den Spargel in der heißen Pfanne braten, ca. 5 - 8Minuten. Der Spargel soll noch bissfest sein.
3. Während der Spargel brät, den Frischkäse zusammenmit dem Limettensaft erwärmen, so dass er schmilzt (z.B. im heißen Wasserbad oder in der Mikrowelle bei ca. 800 Watt, 45 Sekunden).
4. Mit etwas Salz undLimettenschale abschmecken. Zusammen mit dem Spargel anrichten und servieren.

Nährwertangaben pro Portion:

Kalorien in kcal: 257
Proteingehalt in Gramm: 9
Kohlenhydratgehalt in Gramm: 10
Fettgehalt in Gramm: 20

Low Carb Snacks

Leinsamen Käse Chips

Zubereitungszeit: 10 Minuten
Schwierigkeitsgrad: Leicht

Zutaten:

5 Esslöffel Leinsamen, geschrotet	5 Esslöffel Wasser
¼ Teelöffel Paprikapulver	1 Esslöffel würziger Käse, gerieben (z.B. Parmesan)
1 Prise Salz	

Zubereitung für 1 Portion/Portionen:

1. Den Leinsamen mit dem Wasser, dem Paprikapulver, Käse und Salz mischen.
2. 5 Minuten quellen lassen. Aufeinem Stück Backpapier den Leinsamen Brei zu dünnen Fladen (Chips) dünn ausstreichen.
3. In der Mikrowelle bei 800 Watt 3 Minuten backen. Die Chips passen z.B. zu Kräuterquark oder als Dekoration zu Salat.

Nährwertangaben pro Portion:

Kalorien in kcal: 123
Proteingehalt in Gramm: 2
Kohlenhydratgehalt in Gramm: 2
Fettgehalt in Gramm: 18

Gemüse Chips

Zubereitungszeit: 5 Minuten
Schwierigkeitsgrad: Mittelmäßig

Zutaten:

200 Gramm Pastinaken, Möhren (möglichst dick) oder Rote Bete	Etwas Salz
Etwas Öl	

Zubereitung für 1 Portion/Portionen:

1. Das Gemüse waschen und in sehr dünne Scheibenschneiden, z.B. mit dem Gemüsehobel. Leicht salzen. Einen Holzspieß dünn mit Öl einreiben.
2. Die Scheiben mit wenig Abstand auf den Holzspieß aufreihen, diesen auf eine Schüssel auflegen, so dass die Chips nicht den Boden berühren. Nun in der Mikrowelle bei 800 Watt ca. 6 Minuten erhitzen.
3. Die GemüseChips vom Holzstäbchen ziehen und abkühlen lassen. Z.B. zum Dippen mit Quark oder als knusprige Deko zu Salaten servieren.

Nährwertangaben pro Portion:

Kalorien in kcal: 102
Proteingehalt in Gramm: 2
Kohlenhydratgehalt in Gramm: 3
Fettgehalt in Gramm: 6

Aprikosendessert

Zubereitungszeit: Circa 15 Minuten
Schwierigkeitsgrad: Einfach

Zutaten (1 Portionen):

250 Gramm Mascarpone	1 Ei
100 Gramm Joghurt	Süßstoff
7 Gramm Chia Samen	100 Gramm Aprikosen ohne Schale/Kern

Zubereitung:

1. Mascarpone mit Ei gut verrühren.
2. Joghurt mit Chia Samen verrühren und mit Süßstoff abschmecken.
3. Aprikosen klein schneiden außer 2 Stücke.
4. 2 Dessertschalen bereitstellen.
5. Joghurtcreme mittig füllen.
6. Klein geschnittene Pfirsichstücke Drumherum verteilen und große Stücke mittig draufsetzen.

Durchschnittliche Nährwerte:

Kcal/Portion: 170
Fett: 17 g
Kohlenhydrate: 2,2 g
Eiweiß: 2,1 g

Walnuss-Zimt-Quark

Zubereitungszeit: Circa 10 Minuten
Schwierigkeitsgrad: Einfach

Zutaten (1 Portionen):

150 Gramm Magerquark	50 Gramm Joghurt
30 Gramm Walnusskerne	Spritzer Süßstoff
Prise Zimt	

Zubereitung:

1. Quark, Joghurt ,Süßstoff und Zimtpulver verrühren
2. Walnüsse (Außer 1) in kleinere Stücke schneiden und unterrühren.
3. In eine Dessertschale geben und ganze Nuss drauflegen

Durchschnittliche Nährwerte:

Kcal/Portion: 105
Fett: 6,9 g
Kohlenhydrate: 2,8 g
Eiweiß: 7,5 g

Protein Erdbeer- oder Himbeereis

Zubereitungszeit: Circa 20 Minuten
Schwierigkeitsgrad: Einfach

Zutaten (2 Portionen):

100 g	gefrorene Erdbeeren oder Himbeeren
35 g	frische Erdbeeren oder Himbeeren
65 g	fettarmer Magerquark
56 g	fettarmer Joghurt
20 g	Whey Protein Erdbeere oder Vanille

Zubereitung:

1. Gefrorene Früchte in einen Mixer geben und kurz mixen.
2. Die restlichen Zutaten, außer die frischen Früchte, in den Mixer hinzugeben und zu einer glatten Masse mischen.
3. In Gläser verteilen, mit den frischen Früchten dekorieren und für 1– 2 Stunden im Gefrierfach kalt stellen.
4. Super leckeres Eis genießen!

Durchschnittliche Nährwerte:

Kcal/100 ml : 75
Fett: 1 g
Kohlenhydrate: 5 g
Eiweiß: 10 g

Goji-Power Smoothie

Zubereitungszeit: Circa 10 Minuten
Schwierigkeitsgrad: Einfach

Zutaten (1 Portion):

2 EL	Whey Protein
150 g	Heidelbeeren
1 TL	Bio Erdnussbutter
20 g	Bio Goji Beeren
300 ml	eiskaltes Wasser

Zubereitung:

1. Blaubeeren waschen.
2. Alle Zutaten in einen Mixer geben und mixen bis eine gleichmäßige Masse entsteht.
3. Sofort genießen. Für den maximalen Genuss.

➔ Für die vegane Variante des Power Smoothies mit Goji Beeren kannst du statt des Whey Protein einfach ein beliebiges veganes Proteinpulver verwenden

Durchschnittliche Nährwerte:

Kcal/100 g: 61
Fett: 2 g
Kohlenhydrate: 5 g
Eiweiß: 6 g

Schluss

Du bist nun am Ende dieses Buches angelangt, aber hast jetzt den Anfang deines Weges zum neuen Körper beschritten. Stelle sicher, dass du die Prinzipien und Strategien aus diesem Buch auch wirklich anwendest und nicht nur notiert hast. Viel zu viele Menschen geben auf, bevor sie etwas erst versuchen. Doch du bist nicht so ein Mensch. Woher ich das weiß?

Du hast dieses Buch bis zum Ende gelesen und bewiesen, dass du es ernst meinst.

Du hast bereits die notwendige Disziplin und das ausreichende Durchhaltevermögen, um deinen Traumkörper endlich zu realisieren.

Das Einzige was dir dafür noch fehlte, waren die richtigen Werkzeuge dafür. Nach dem Lesen von diesem Buch hast du alle notwendigen Informationen erhalten, um sofort mit deinem Gewichtsverlust zu starten. Zögere nicht und beginne jetzt schon mit den ersten Schritten zum Abnehmen. Ich meine es ernst. Fang jetzt an!

3 Schritte, die du sofort tun kannst:

1. Genaue Zielsetzung für deine Traumfigur aufstellen: Notiere dein Traumgewicht und drucke dir ein Bild eines Vorbilds von dir mit diesem Körper aus
2. Plane dein erstes Workout für diese Woche
3. Schreibe eine gesunde Einkaufsliste für deinen nächsten Einkauf auf

Ich möchte mich zum Schluss noch mal bei dir bedanken für den Kauf von diesem Buch. Ich wünsche dir nur das Beste auf deinem Weg zu deiner persönlichen Traumfigur. Ich weiß, du kannst sie erreichen und tief in dir drin bist du auch davon überzeugt.

Komm ins Handeln und leg los!

Impressum

Die Autorin wird vertreten durch:
John Harder
Kirchplatz 9
01623 Lommatzsch
johnhardy@gmx.net

18382203R00050

Printed in Poland
by Amazon Fulfillment
Poland Sp. z o.o., Wrocław